大人物小故事丛书

探险家

颜煦之◎编著

台海出版社

图书在版编目（CIP）数据

探险家 / 颜煦之编著. —北京：台海出版社，2013. 7

（大人物的小故事丛书）

ISBN 978-7-5168-0176-5

Ⅰ. ①探…Ⅲ. ①颜…Ⅲ. ①探险—生平事迹—世界—青年读物 ②探险—生平事迹—世界—少年读物 Ⅳ. ①K811-49

中国版本图书馆CIP数据核字（2013）第133312号

探险家

编　　著：颜煦之

责任编辑：王　艳
装帧设计：视界创意　　版式设计：钟雪亮
责任校对：胡洪春　　责任印制：蔡　旭

出版发行：台海出版社
地　　址：北京市朝阳区劲松南路1号，　邮政编码：100021
电　　话：010－64041652（发行，邮购）
传　　真：010－84045799（总编室）
网　　址：www.taimeng.org.cn/thcbs/default.htm
E-mail：thcbs@126.com

经　　销：全国各地新华书店
印　　刷：北京一鑫印务有限责任公司
本书如有破损、缺页、装订错误，请与本社联系调换

开　　本：710×1000　1/16
字　　数：187千字　　印　　张：12
版　　次：2013年7月第1版　　印　　次：2021年6月第3次印刷
书　　号：ISBN 978-7-5168-0176-5

定价：29.60元

目 录 MU LU

编者的话…………………………… 1

张骞出使西域…………………… 1
唐僧历险记……………………… 3
马可·波罗去东方……………… 5
郑和下西洋……………………… 7
探险探成大富翁………………… 9
哥伦布横渡大西洋………… 11
哥伦布第二次远航………… 13
麦哲伦自愿做人质………… 15
麦哲伦环球探险…………… 17
解开“契丹”之谜………… 19
徐霞客勇探妖魔洞………… 21
揭开西伯利亚的面纱……… 23
探险大军的覆没…………… 25
可怕的沼泽地……………… 27
陵墓探险…………………… 29
传教士的拉萨之行………… 31
遭遇怪物…………………… 33
攀登贡嘎山………………… 35
征服珠峰第一战…………… 37
甘当人梯的探险英雄……… 39
孤身登上珠穆朗玛峰……… 41
“酋长”救同伴…………… 44
救命的“树火麻”………… 46
珠峰顶上等同伴…………… 48
穿越“死亡之海”………… 50
北冰洋上的爱情…………… 52
白令与白令海峡…………… 54
捷足先登争第一…………… 57
挑战伊格北壁……………… 59
海底历险…………………… 61
沉船寻宝…………………… 63
海中人计划………………… 65
深海探险…………………… 67
潜海皇后厄尔……………… 69
初探澳洲西海岸…………… 71
海上风暴…………………… 73
岛上有巨人………………… 75
荒岛斗蟒蛇………………… 77
巴斯和巴斯海峡…………… 79
意外的发现………………… 81
探险船上的“杂技表演”… 83
寻找大平原………………… 86

失败的英雄…… 88
误入土著区…… 90
纵越澳大利亚…… 92
死亡警戒线…… 94
被囚禁的探险家…… 96
寻找神秘河…… 98
沙漠留遗书…… 100
误入神殿…… 102
鸣枪脱险…… 104
水雾指路…… 106
在沙漠中永生…… 108
19天穿越沙漠…… 110
无意中发现巴西…… 112
“探险暴君”皮萨罗…… 114
铁腕海盗…… 117
与总统齐名…… 119
探察“吃人族”…… 121
探险“杀人洞”…… 124
意外的发现…… 126
探察密西西比河…… 128
横越美洲大陆…… 130
斗鸡决生死…… 132
和土著交朋友…… 134
雪原惨剧…… 136
醉酒渡重洋…… 138
总统探险家…… 140
深入北极第一人…… 142
开辟西北航线的勇士…… 144
北冰洋底的旅行…… 146
独身闯北极…… 148
发现南极大陆…… 150
假冒诏书闯“魔海”…… 152
决战南极…… 154
和死神赛跑…… 157
“魔海”逃生…… 159
妙计化冰封…… 162
飞抵南极点…… 165
建立“中山”站…… 167
发现中华矿…… 169
徒步越南极…… 171
美国雄鹰…… 173
征服太空…… 175
飞越死亡…… 177
月球探险…… 179
着陆“风暴海”…… 181
遨游太空…… 183

编者的话

古往今来，世界上涌现了多少英雄豪杰、旷世奇才！他们中有的胸怀天下，保家为国，为民谋福；有的文武双全，万夫莫当，勇冠三军；有的超凡入圣，博古通今，满腹经纶；有的足智多谋，能言善辩，安邦定国；有的七步成章，著书立说，著作等身；有的多才多艺，身怀绝技，不同凡响；有的心灵手巧，创造发明，造福人类；有的学富五车，诲人不倦，为人师表；有的浪迹天涯，出生入死，敢为人先；有的忍辱负重，自力更生，艰苦创业……

这些出类拔萃、建有丰功伟绩并能流芳百世的人物，就是人们所景仰的政治家、军事家、思想家、外交家、文学家、艺术家、科学家、教育家、探险家、企业家……

这些人，在他们各自领域能取得辉煌的成就，都有各自的原因。或是勤奋好学，任劳任怨；或是克勤克俭，锲而不舍；或是谦虚谨慎，勇于探索……他们的成功，离不开他们良好的心理素质和高尚的道德品质。他们的成功，都饱含着辛勤的汗水和痛苦的泪水。他们的成功，都有一个个说不完的动人故事。

这些人，是能人，是强人，是名人，是巨人，是圣人，是“超人”，是伟人，是我们常说的大人物。他们不仅为后人留下数不尽的物质财富，也给我们留下无尽的精神力量。他们是人们崇拜的对象，也是人们学习的榜样。

人们常说，“榜样的力量是无穷的”。“近朱者赤，近墨者黑”，就是这个道理。孟母三迁，择邻而居，就是要为儿子找个好榜样。

这里，我们收集了10个领域里共1000多位大人物的小故事。大人物，虽是伟人、巨人，但他们也是常人，是凡人。他们也有着跟普通人一样的经历。他们有七情六欲，喜怒哀乐；他们有成功的喜悦，也有失败的痛苦；他们曾有万贯家财，也曾一贫如洗；他们曾所向无敌，也曾溃不成军；他们曾受人敬仰，也曾被人耻笑……在他们身上，有许多这样生动有趣的小故事。

这些小故事，大都以历史事实为依据，加以描写；也有以人物传记为蓝本，加以缩写；也有以新闻报道为素材，加以改编。这些小故事，有写政治家的雄才大略，也写他的大智若愚；有写军事家的视死如归，也写他的儿女情长；有写外交家的大义凛然，也写他的委曲求全；有写思想家的真知灼见，也写他的人生追求；有写艺术家的勤奋刻苦，也写他的德艺双馨；有写教育家的知识渊博，也写他的不耻下问；有写文学家的创作甘苦，也写他的奇妙构思；有写科学家的呕心沥血，也写他的失败经历；有写探险家的赴汤蹈火，也写他的胆大心细；有写企业家的仗义疏财，也写他的精打细算……

这些小故事，像一颗颗璀璨的露珠，晶莹剔透，闪闪发亮，能折射出大人物们身上夺目的光芒。这就是人格魅力！这就是人格力量！这就是我们学习的榜样。

我们写出这些大人物的小故事，把他们的精神面貌一一展示在你的面前，少年朋友们读了这些小故事，当可从中获得知识，受到启迪，明白事理，学会做人。

祝福你，少年朋友，但愿你也能成为大人物！

·张骞出使西域·

张骞是汉武帝时期的人。当时北方的匈奴经常来侵扰中原，抢夺财产，杀戮百姓，威胁着汉朝的统治，一直是汉武帝的心腹之患。

一天，汉武帝得到一个消息，说西域一带有个月氏国，被匈奴打败，他们的国王被匈奴所杀，连国王的脑袋都让匈奴王做成了酒杯在喝酒，气得月氏国的人咬牙切齿，天天在想报仇，可又苦于自己的国力太弱。汉武帝觉得来了好机会，如果能与月氏国结盟，联合起来，两面夹攻，切断匈奴与西域各国的联系，肯定会给匈奴以沉重的打击。

于是，汉武帝下了一道诏书，要找一些胆大心细的人到月氏去联络。当时，谁也不知道月氏国在哪儿，也不知道有多远。要担负这个任务，可得有很大的勇气。

当时张骞正在朝中做官，他第一个响应。在他勇气的鼓舞下，陆续有一些人应了征。有个在长安的匈奴族人叫堂邑父，也愿意跟张骞一块儿去月氏国。

于是一支近百人的队伍就组织了起来。张骞是使者，堂邑父是翻译。他们于公元前138年出发往西域去了。

要到达月氏，必须经过匈奴占领的地界。张骞他们一路小心地西行，但还是不幸地遇上了匈奴的骑兵。因寡不敌众，张骞他们全都成了匈奴的俘虏。匈奴人一直控制着他们的自由，不让他们离开。

这样的生活一过就是10年。张骞虽然身在匈奴，可是仍保存着皇帝赐给他的汉节，心里一直惦记着自己没有完成的任务，盼着什么时候能够逃走。由于时间长达10年，匈奴人以为张骞一定不想再回去，也就管得不那么严了。一天，趁匈奴人不防备的时机，张骞跟堂邑父商量了一下，带了几个部下骑上快马连夜逃走了。

他们一直向西急跑，吃尽了苦头，累得走不动时才找个地方歇歇脚，合一会儿眼，一路上没东西吃，有时只能靠野草、树叶充饥。

这样急行军了几十天，翻过了葱岭，来到了大宛(在今中亚细亚)。他们见到了大宛王，大宛王早就听说汉朝是个富饶强盛的大国，这次见到他们这些汉朝的使者，很欢迎他们，并且派人护送他们到康居(约在今巴尔喀什湖和咸海之间)，再由康居到了月氏。谁知道，经过千辛万苦找到的月氏国，10年后已经大为变样，他们原来过的是游牧生活，眼下却过起了安居乐业的农业生活，已不想与匈奴作战报仇了。不过既然张骞是好意，又是花了这么大的力气来的，所以月氏人还算客气，不怎么亏待他们。

张骞多次试图说服月氏国与汉朝结盟同打匈奴，但月氏国已经毫无兴趣。没办法，他们在那里待了一年后只好返回。谁知在他们东归返汉的途中，再次被匈奴抓获，又关了一年，后设计逃出。张骞历尽千辛万苦，于13年后终于回到长安。

张骞虽然未能完成与月氏结盟夹击匈奴的使命，但却获得了大量有关西域各国的人文地理知识。汉武帝见到张骞很是高兴，向他详细了解了西域的实况。张骞出使西域带回的信息激发了汉武帝进行“拓边”的雄心，后来发动了一系列抗击匈奴的战争。

公元前119年，张骞再次出使西域的乌孙国，去与他们结盟共同攻击匈奴。同时，他们还访问了大宛、康居、大夏、安息等地。

从此，汉朝和西域各国的交往逐渐增多，使节和商人的来往络绎不绝。中国的丝和丝织品，沿张骞所经过的路线西去，经过西域运到西亚，再转运到欧洲，历史上著名的“丝绸之路”，也就这样被开辟，对中西方文化和经济的交流发挥了巨大的作用。

·唐僧历险记·

读过《西游记》的人，都知道唐僧师徒四人历尽千辛万苦，上西天求取真经的故事。小说中唐僧的原型就是唐朝著名僧人——玄奘。玄奘，本姓陈，名祎，河南偃师人，通称三藏法师，俗称唐僧。其实唐僧全然不像小说中描写的那样懦弱胆小，而是一位不畏艰险、意志坚定的探险家。

玄奘13岁就出家，到处拜师学习，对佛经有很深的研究。随着研究的深入，他对佛经的疑问也越来越多，还发现了很多翻译上的错误。这就使他萌发了到天竺去看看佛经原文的念头。天竺就是古代的印度。但是，中国和印度之间，有险峻的喜马拉雅山阻隔，人们如果走陆路到印度去，只好绕一个大圈子：从长安出发，经过今甘肃、新疆，向西越过葱岭，进入中亚细亚，再由兴都库什山脉的缺口，到达北印度的旁遮普。这条道路是漫长而危险的，特别是要通过茫茫千里的大沙漠，艰难险阻处处皆是，随时随地都可能把性命送掉！

困难虽大，却挡不住玄奘的决心。公元629年，他出发了，先来到凉州(今甘肃武威县)。凉州是河西的大都市，唐朝西境的国防重镇。当时唐朝是不允许国人出国的，奉命镇守这一地区的凉州都督李大亮，严禁人民私自出境。玄奘被挡了回来。

于是玄奘又绕到瓜州（今甘肃安西），偷偷越过了边防。他一个人带着一匹瘦马朝西前行，摸索着走入茫茫大漠。

一天，玄奘来到一座城下。由于长途跋涉，他口干得很，但又怕惊动城上的官兵，就一直等到天黑，才偷偷摸到城下一个水塘处想打一点水来。突然，“嗖”的一下，一支箭射来，直钉在离他一尺的地下，差点儿射中他。原来，城上的士兵还是发现了他。他只好放声大叫道："别射！别射！我是长安来的和尚！我只是一个和尚，不干什么坏事！"城上的士兵叫起来："不是坏人就不许动，站着，等我们带你见长官去！"说着下来两个人，用绳索将玄奘绑起来带进城去。幸好这个守城的将军王祥是个信佛教的人，见他果然是个和尚，就赠了他一些粮食和饮水，指点了路径，送他走了。

就这样一关又一关地走了很长一段时间。

一天，他在沙漠里寻找水的时候迷了路，而皮袋里的一点水，又被自己不小心掉在地上，流得一滴不剩。黄沙莽莽的大漠之上，周遭数百里，一片茫茫，哪里才是尽头。玄奘硬着头皮坚持了四夜五天。他凭借着一些商队经过的踪迹——马和骆驼的粪便以及散乱的白骨，终于找到了西去的路线。可是没有水还是休想通过沙漠。

由于滴水未进，嘴里干得像冒火一般，他终于支撑不住，昏倒在地。不知昏迷了多长时间，一阵凉风又使他清醒过来。他昏头昏脑地又挨了一段路，好歹找到了一处有水草的地方，这才使他死里逃生。

又走了一段时间，玄奘来到了高昌。高昌王鞠文泰也是信佛教的，他见大唐来了高僧，非常高兴，就恭恭敬敬地请他讲经，还打算留下他长住。玄奘执意不肯，于是高昌王就派了25个随从，准备了行装马匹，一路护送着他。

玄奘一行过了雪山冰川，经历了千辛万苦，最终来到了天竺。天竺是佛教的发源地，玄奘如鱼得水，在那里朝拜圣迹，向高僧们取经，游学天竺各地，与一些学者展开辩论，佛学造诣和名望越来越高。

公元645年，历尽艰险磨难的玄奘终于回到长安，他带回了大量的佛经、异物珍奇。这件事轰动了长安，唐太宗也很为之感动，就接见了他。

这以后，玄奘就专心致志地翻译带回来的佛经，还和弟子一起编写了一本《大唐西域记》。在这本书里，他把亲自到过的一百多个国家的经历都写了出来，具有很高的学术价值。

·马可·波罗去东方·

1254年，马可‘波罗出生在举世闻名的水城——意大利的威尼斯。他的父亲和叔父都是当地有名的珠宝商人，他们在马可很小的时候，就去过中国经商。受父亲的影响，马可从小就对中国这个神秘古国非常向往。

17岁那年，马可已经长成一个体格魁梧的青年人了，他去东方古国的念头一天比一天强烈。终于有一天，父亲和叔父又要去中国了，他们在马可的苦苦哀求下，答应带他出去闯闯，长长见识。 就这样，马可和两个长辈沿着“丝绸之路”，向东前进，他们渡过地中海和里海，来到了中东古城巴格达。这里的一切都让初出远门的马可觉得十分有趣，他拿着纸笔，把一路上所见的奇闻全都一一记下。

在巴格达休息了几天，马可一行又出发了。但没走多久，一件意想不到的事情发生了。一天清晨，他们走到一个小镇，在那里掏钱买东西的时候，不幸被一群强盗盯上了，而他们却丝毫没有察觉。

当晚，马可一行在一个树林里休息时，突然，那伙强盗从树林的深处骑着马直奔过来，二话没说，就把他们绑了起来，然后将他们关进一个黑漆漆的小屋里。机灵的马可假装很害怕，趁强盗不注意，一点一点挪到父亲的身边，与父亲背靠背，摸索着反手解开了父亲手腕上的绳子，这才好不容易逃出虎口。

父亲和叔父领着马可头也不敢回，一口气跑到海边，这时天已大亮，估计强盗再也无法追上来了，他们这才松了口气，于是打算从这里乘船直驶中国。但是他们在那里足足等了几个月，都没遇到一艘到中国的船只，为了不耽误时间，只好改由陆路前往中国。

他们骑着马走了好几天，来到了地势高峻的波斯高原。那里大都是沙漠地带，由于他们对沙漠旅行经验不足，带的水没多久就喝完了，人渴得浑身无力，最后连马都累趴下了。为了活命，马可支撑着身体，摇摇晃晃地在周围寻找水源，没想到，他还真找到一个小水洼。可是那里面的水盐分浓度过高，气味极其难闻，但马可已顾不上这么多了，一头扎下去，猛灌几口。这下可糟了，这种水喝下没多久，马可开始上吐下泻，发起高烧来。他父亲急中生智，抓起几把沙子放进一个皮囊，然后在皮囊底下戳了几个小洞，做成一只原始过滤器，接着他用另一只皮囊接了一泡马尿，倒入盛有沙子的皮囊里，过滤出一些马尿给马可喝。几天后，马可的身体竟奇迹般恢复了。

在沙漠中走了一个半月，他们终于来到了南北丝绸之路的会合处——敦煌。几天后，又通过玉门关，见到了气势雄伟的万里长城，再穿过河西走廊，抵达了蒙古的上都。这时已是1275年的5月了，他们从威尼斯来到这里，前后经历了三年半。

当时，元世祖忽必烈正巧在上都。他听说有几个外国人不远万里来到这里，觉得挺好奇，便召见了他们。当他看见马可·波罗如此年轻，不禁对他的探险勇气深感佩服，便邀请他和自己一起返回元朝大都，也就是今天的北京。来到北京，好学的马可努力学习汉语和蒙古语，这让忽必烈大为赞赏，决定任命他为钦差大使，前往中国各地出巡。就这样，马可先后对山西、云南、西藏、浙江等地进行了详尽的考察，这一待，就是17年之久。

1295年，马可·波罗回到了威尼斯，此时的他已从少年变成了中年，他的归来，立即引起全国性的轰动，成为当时的一件特大新闻，他也由此成为了世界历史上一位著名的旅游探险家。

·郑和下西洋·

明朝永乐年间，明成祖在一次与朝臣闲聊中得知，在中国的西南方，越过浩瀚的南海，有一片更为广阔的西洋，在那西洋的沿岸上有许多美丽富饶的国家。这个消息不禁使明成祖怦然心动，他决定派船队越过西洋，去那边树立明王朝的声威，顺便发展一下与各国的关系。可是派谁率领船队去远航呢？明成祖经过反复考虑，认为一个叫郑和的人是最佳人选，因为此人精明能干，口齿伶俐，还懂得阿拉伯语。于是，明成祖就把出使西洋的重要使命交给了他。

1405年农历六月十五日，在一场隆重的送别仪式之后，郑和一声令下，62艘“宝船”满载着货物，浩浩荡荡从长江口驶入了东海。

船队在茫茫的东海上向南航行，借助太阳、月亮和星辰来辨认方向，利用指南针指引航程，还用重锤测量海水的深浅，用特别的吊钩钩出海底的泥沙，以识别航路，判断船离岸的远近。航行中，郑和把沿岸的地形、岛屿一一绘入航海图。这些航海图就是世界上第一次关于海洋地理方面的完整科学记载。

驶过浩瀚的东海，船队来到福州郊外的五虎门港，郑和让船员们在那里休息了几个月，把最后一批货物装上船，接着又补足了淡水、粮食和燃料。

此时正值秋高气爽，海面上开始刮起了东北风，这正是下西洋的最好时机。郑和一声大喝：“出发！”精神抖擞的船员们早已各就各位，迅速整齐地把船排好队，驶离了五虎门港。海面上和风阵阵吹来，把船上高挂的篷帆鼓得满满的，一只只船像离弦的箭，在蓝色的洋面上飞驶起来。

船队顺利穿过水流湍急的台湾海峡后，进入了碧水一片的南海，向远航的第一站占城国（今越南的中南部）前进。可是一连几天过去了，船员们所看见的，除了蓝天就是一望无际的汪洋，根本没有陆地的影子。

难道路线走错了吗？郑和也不禁有些焦急起来，但他没有丝毫的流露，他怕自己的情绪会影响到船员。这时，不少船员跑来问郑和占城国到底还有多远。郑和胸有成竹地说："就在前面不远了，再过几天就到了！"

郑和的这一番话打消了众人的疑虑，果然又经过十几天的昼夜行驶，他们发现海面上的海鸥越来越多，这说明陆地临近了。这时候，人们都长长吐了一口气，连日的沉闷一下被打破了。

根据航行的情况，郑和断定占城国就在前面不远了，于是他当即传令，让全体船员做好靠岸的准备。过了一会儿，海面上隐隐出现了一条黑线，驶近一看，原来那是一条绿色的海岸线，这下，船上的人们禁不住欢呼起来："占城国，占城国到了！"郑和脸上也掩饰不住内心的激动，说话的声音都微微发抖："全速前进，全速前进！"

占城国国王听说来了大船队和使者，高兴极了，赶紧骑上大象，头戴金花冠，率领随从亲自前去迎接，他们在海边排成一排，以最隆重的仪式欢迎来自远方的贵宾。

在占城国停留的那段日子，郑和所带的中国丝绸和瓷器，令当地人大开眼界。他们实在不敢想象，大洋彼岸的中国人竟能做出如此精美的东西，于是他们用许多象牙、香料和药材与郑和进行了交换。

离开占城国后，郑和率领着船队继续向南航行，到达了爪哇、旧港（今印度尼西亚苏门答腊岛东南岸）、苏门答腊、古里、锡兰（今斯里兰卡）等国，成功地完成了明成祖交给他的任务。1407年农历九月，他回到了祖国，结束了第一次出使西洋的远航。

·探险探成大富翁·

1502年，意大利著名的探险家路多维克·第·瓦哲马沿着当年马可·波罗走过的路线，从意大利到达印度，他此行的目的，是为了探寻亚洲东南部群岛香料产地，好以此发一笔大财。

在印度期间，一个当地人告诉瓦哲马：从印度洋一直向东走，有一个叫“印第阿斯”的地方。那里岛屿星罗棋布，宝藏多得数不胜数，是一个比印度还要富有的大聚宝盆。不过，它的路线十分复杂，简直就像一个迷宫，最珍贵的宝藏都藏在迷宫的尽头，谁要想得到这些宝藏，就必须冒着生命危险，深入到迷宫的尽头。

瓦哲马当然不会放过任何寻找宝藏的机会，于是他一路不停地赶到锡兰岛，从那里直抵马六甲海峡，进入了“印第阿斯”的西大门。可下一步该怎么走呢？为了搞清楚路线，瓦哲马登上了马六甲城，想找人打听一下关于“印第阿斯”的情况。

马六甲城里果然热闹无比，街道两旁的商品交易站一个接一个，各种各样的货物应有尽有。瓦哲马在一个出售香料的摊位前停了下来，对老板说道：“生意不错啊，你这里的香料看上去比印度的还要好！”

那个老板抬头看了看瓦哲马，不以为然地“哼”了一声，然后得意地说：“印度算什么，那里的香料全都是从我们这里运过去的。”

听他这么一说，瓦哲马顿时来了精神，趁势问道：“是不是真的？如果像你说的，那你们这么多香料是从哪里搞来的呢？”

老板随手向东方一指，故作神秘地说：“那边有一个迷宫似的宝地，所有的香料都是从那里来的。”老板的话让瓦哲马再也等不急了，他风一般冲出城外，带上一名向导，驾船向东驶去。

海上的天气反复无常，刚才还是晴空万里、大海平静，谁知顷刻间便乌云翻滚、恶浪滔天，小船在巨涛中不停地颠簸着。好不容易等风暴平息下来，瓦哲马却迷航了，最后他经过几个星期的艰难航行，闯过一道又一道鬼门关，小船才驶进了一个布满岛屿的海域。向导指着那些小岛说："这里就是最好香料的真正产地，叫摩鹿加群岛。"

瓦哲马小心翼翼地把船靠在了附近最大的一个岛屿边，没等船停稳，他就一个箭步跳上了岸。岛上果真有大片大片的丁香树林，这里的海风都夹着幽幽的清香，让瓦哲马不禁心旷神怡，犹如置身在仙境之中，怎么也想不到人间竟然还有如此美妙的地方。来到岛上的香料交易市场，瓦哲马发现这里的丁香价格比马六甲城低得多，他忍不住连声惊叹："天哪，我真是不敢想象，要是把这些丁香弄到欧洲去，不知要卖多少钱啊！"

瓦哲马在岛上住了几个星期，临走的时候收购了大量的香料，整整装了一大船，然后兴高采烈地回到了欧洲。从那以后，他发了大财，成了大富翁。

·哥伦布横渡大西洋·

15世纪的时候，许多欧洲航海探险家都认为，只有沿着非洲西海岸不断南下，才能找到去东方的新航线。而有一个人却不这么认为，他相信地球是圆的，认为从欧洲向西航行也可到达东方的中国和印度。这个人，就是意大利航海家、探险家哥伦布。

为了证明自己的观点，哥伦布决定开辟一条越过大西洋到达东方的航线。后来得到西班牙国王的资助，1492年8月3日，他指挥着3艘远航船，浩浩荡荡从西班牙的巴罗斯港出发了。

在茫茫的大海中，船队一直向西前进着，最后驶进了连海图也没有标记的区域里。这时，船上的水手不禁担忧起来，有的人害怕这样一直往西走，会掉进无底洞里，有的人担心从此再也回不到家乡了。

日子一天天过去了，陆地还是不见踪影，船上充满了不安和忧虑。为了安定人心，哥伦布悄悄地把每天公布的航行里程缩短，只在航海日志上记载下实际航行的距离。

这天，船的前方突然出现了一片绿色的海区，船上的水手们看见后，顿时兴奋起来，以为陆地不远了。哥伦布也格外高兴，他想不到竟然能这么快到达亚洲的东部。

然而，当船队驶近那片绿色海区时，所有人都大失所望。原来它根本不是什么陆地，而是一片布满马尾藻海草的海区。

由于这个地方风浪很小，水流缓慢，再加上这片马尾藻覆盖了约500平方公里的海面，所以船速大大受到影响。船队在马尾藻里艰难航行了19天，这才好不容易冲出了包围，可是展现在众人眼前的依然是水天相连，茫茫一片。船员们再也无法忍受了，一致要求哥伦布掉头返航。

在这种情况下，哥伦布没有动摇。他已下定决心，在没有到达亚洲大陆之前，决不会掉转船头。但是为了稳定住船员，他一边耐心告诉大家陆地已经不远了，一定要坚持下去，一边也做了一些调整，答应改变航向，向西南方行驶。

船队向西南方行驶了三天三夜，还是不见陆地，这下，船员们再也不听哥伦布的解释了，一齐威胁他说，如果不驶回西班牙，就把他扔到大海里。

就在这紧急关头，船上的船长站了出来，他被哥伦布非凡的毅力所打动，表示不管怎样，一定会支持哥伦布航行到底。这样一来，水手们再也没什么好说的了，只得闭上了嘴巴。

功夫不负有心人。船队终于在10月12日凌晨，发现了陆地。这个消息让所有人都无法入睡，大家一起随着哥伦布跑到甲板上，面向陆地，一直站到天亮。

当朝霞洒向大地的时候，船队靠岸了。从出发那天算起，哥伦布已带着船队整整航行了71天。他把这第一个发现的陆地命名为“圣萨尔瓦多”，意思是“救世主”。哥伦布到达的地方是美洲的巴哈马群岛中的岛屿，他成为第一个登上美洲大陆的欧洲航海家。

在周围地区考察了一段时间后，哥伦布将一些水手留在岛上，为他们建筑了栅寨，留下一年吃用的物品，自己和其余的水手驾船返航了。在返航途中，航船不幸遇上了令人心惊胆寒的暴风雨，被风刮起的巨浪汹涌着冲向船只，扑打着甲板，桅杆被风吹断了，风帆也被刮得四分五裂。哥伦布觉得死亡的阴影正在向他靠近，为了能把航海的情况通知西班牙的人，他赶紧走进舱房，把自己捆在一张固定的椅子上，在膝盖上绑了一块大木板，找来羊皮纸，把他发现新大陆和岛上的情况都记了下来，然后把纸裹进一块涂了蜡的亚麻布里，塞进小木桶。这些做好之后，他解开捆在身上的绳索，跌跌撞撞地走上甲板，把小木桶投进大海。

幸运的是，航船经受住了飓风的袭击，1493年3月15日，船队终于在巴罗斯港靠岸了。哥伦布横渡大西洋胜利返航的消息，一下传遍了整个西班牙，也轰动了整个欧洲。

·哥伦布第二次远航·

由于第一次并没有到达亚洲大陆，而是美洲的东面，所以哥伦布一直都耿耿于怀。于是，他又组织了一支远航队，共有大帆船17艘，船员及各行各业的人有一两千人，在1493年9月25日这一天，开始了他的第二次远航。

船队依然按第一次远航的路线，先向南，然后再向西横渡大西洋。但这次，他命令船队比上次向南多开了1000多千米后，才调转船头向西航行。没想到，船队并没有遇上第一次远航时遇到的艰难曲折，只用了20天就抵达大西洋对岸。哥伦布无意中找到的这条航道，后来成了一条横渡大西洋的捷径，被人称为“黄金航线”。

11月3日，船队到达了一座美丽的岛屿，只见岛上绿树成荫。因为这天刚好是星期日，哥伦布就给这个岛取名为“多米尼加”，西班牙语的意思是“星期日”。

离开“多米尼加”后，哥伦布命令船队继续沿着海岸向前航行。过了几天，他们来到一个名为“海地”的岛屿旁。哥伦布知道，这岛上居住着不少印第安人，而且岛上的黄金特别多，于是他就让船队在海地岛的北部沿岸建了一个据点，起名为“伊萨伯拉”，然后派一部分人上岸去找黄金。

当时，一种名叫“黄热病”的传染病在西班牙人中间流行起来，随后，由于天气的炎热，船上带的食品也开始变质腐烂，饥饿立即威胁起这支人数庞大的船队。没有办法，哥伦布只得留下5艘船和500人，让其他人和船只全部返回西班牙。

此时的哥伦布依然对亚洲念念不忘，于是他留了一部分人在伊萨伯拉，自己则率领3艘船向西驶去。没多久，他到达了古巴，可依旧没有找到黄金产地和繁华都市。不过，他觉得古巴这个地方很大，第一次来的时候，还有很多地方没有去，这次一定要仔细探测一下。

船队沿着古巴的南岸缓缓行驶着，这一天，在船的南边隐约地显现出陆地的影子，船上的向导告诉哥伦布，那是个叫牙买加的大岛。哥伦布一听，心中一阵狂喜，立刻想到传说中的黄金海岸巴比牙。

一会儿工夫，船队便临近了这个叫牙买加的大岛。这个岛屿郁郁葱葱，在蓝天碧海的衬托下，显得十分美丽。为了寻找黄金，哥伦布迫不及待地登上了这个大岛，可找了半天，却大失所望，只得返回船上。

又是几天过去了，沿着古巴南海岸行驶的船队，忽然又发现许多大大小小的岛屿。看此情形，哥伦布不禁想起马可·波罗曾讲过，在中国大陆南面的海洋里，有许多大小不一的岛屿。那么，这里会不会是中国大陆南面的海洋呢？这时，向导跑来告诉哥伦布，在古巴的最西头有个叫马岗的地方，那里非常富足。这话又让哥伦布精神一振，误以为向导发音不准，把“蒙古”读成了“马岗”，于是他赶紧向船员们宣布了这个消息。船员们听了，也都一个个兴高采烈，加快了船速，全力向西驶去。

不久，船队发现有一处海岸上出现了几个人影，驶近一看，那几个人身穿长袍，皮肤白皙，这让哥伦布更深信不疑，这儿就是东方，就在哥伦布感到胜券在握的时候，3艘航船突然都漏水了，不得已，哥伦布只得下令船队返回海地岛。

就这样，哥伦布又结束了他的第二次远航，后来又进行了第三次、第四次，但他始终没能找到通往亚洲的航路，没有到达亚洲的中国和印度，可他却开辟了横渡大西洋的新航线，发现了美洲大陆。

·麦哲伦自愿做人质·

举世闻名的伟大探险家斐迪南·麦哲伦1480年出生在葡萄牙一个小贵族家庭，他不仅在南美洲探险史上，在整个世界探险史上都留下了深深的足迹，而真正令人津津乐道的，还是他过人的胆识。

1512年，从印度柯钦港开出了两艘葡萄牙货船，经过十几天的航行，竟意外地在一处浅滩上搁浅了。船员们冒着风浪把船上的食物、药品和其他一些重要货物卸下来，装进一只小艇，划到离搁浅地最近的一个小岛上。

一切忙完后，两艘货船的船长把所有人召集来，当众宣布他们要和船上的高级船员们一起，乘这艘小艇先回印度大陆去求援。他们的话音没落，水手们一下就炸开了锅，谁会同意把自己留在孤立无援的荒岛上，让别人把这惟一寄托生存希望的小艇带走呢。

只见一个水手从礁石上站起来说："为什么非要你们回去？我倒认为我最适合这个任务。"另一个水手马上附和道："本来就是嘛，在这个危难时刻，你们应该和兄弟们患难与共，同舟共济，可你们倒好，却想把我们留在这个鬼地方。"

船长被水手们说得一句话也答不上来。沉默了好一会儿，他们突然想到了一个人，赶紧四下去找，希望这个人能说服水手们。

这个被船长视为救星的人就是麦哲伦，他一直在后面，默默听着大家的争论。见两个船长在人群找他，他便说道："大家静一静，不管谁回去，总得有人回去吧，在这个时候，我们要相互信任，才能化险为夷。"

麦哲伦一直深受船员们的敬仰。他的话果然起到了作用，水手们安静了下来。见此情景，那两个船长和一些高级船员乘机溜上了船。就在这时，不知谁喊了一声：“不能放他们走，他们一走就再也不会回来了！”剩下的水手如梦初醒，立刻又把小艇团团围住。刚上小艇的那些高级船员见势不妙，慌忙抽出短枪和佩剑，眼看一场火拼就要爆发了。

这时，一个声音在人群中响了起来：“大家冷静，我有话说！”众人凝神一看，说话的人正是麦哲伦，只见他大步走到群情激愤的水手面前，用手推开一支支已上了膛的长枪，心平气和地说：“我留下给你们当人质，这下你们没话说了吧！”

谁也没想到麦哲伦会这么做，水手们惊讶地望着这位贵族出身的葡萄牙人，小艇上的高级船员们也不由松了口气，都向这位英雄投去敬佩的目光。

小艇载着水手们的希望和信任渐渐远去了，艇上的高级船员深知自己行动迟缓会给英雄麦哲伦带来什么后果，他们凭着熟练的技术和准确的判断，只用了8天时间，就赶到了印度，他们顾不上喘气，急忙带上救援船，沿原路向荒岛驶去。

当救援船出现在海平面上时，水手们沮丧急躁的心情一下子就被兴奋激动所取代了，他们纷纷拥上滩头，举起衣物向驶来的救援船摇晃。夹在他们中间的麦哲伦这时才长长吐了一口气，脸上慢慢露出笑容，因为这不仅是他得救了，重要的是所有人都得救了，这一切全是靠他的胆识和勇气换来的。

·麦哲伦环球探险·

葡萄牙航海家麦哲伦从小性格怪僻，桀骜不驯。16岁时，麦哲伦开始了航海生涯，21岁就到达过印度洋，29岁当上了船长，上任没多久就成功地把船指挥到非洲最南端的好望角。

但麦哲伦并不满足已取得的成绩，他决定避开哥伦布的航线，再去开辟一条新的通道去东印度群岛。于是在1519年9月20日，39岁的麦哲伦率领5艘船舰，共239个人从西班牙的圣罗卡港出发，踏上了遥遥无期、吉凶难卜的征途。

船队行驶得异乎寻常地慢，在该年11月底，才到达南美洲的东部海角。主要原因是西班牙籍的船长们不服气麦哲伦的指挥，在他们眼里，这个外来的葡萄牙人只是个胆大妄为的小辈，根本没资格当他们的首领，所以在途中处处刁难麦哲伦。麦哲伦明知道这点，但也只好暂时按捺住怒火，勉勉强强地让船队前进。到了第二年的4月1日，他命令船队驶进简陋的圣胡利安港，准备越冬。就在当晚，有3艘船发生了暴乱，将炮口对准了麦哲伦的指挥船。麦哲伦临危不惧，采取果断而又机智的手段，迅速镇压了暴乱。他杀掉了两名带头暴乱的船长，把另一名放逐到附近的一个荒岛上。在接下来的冬季里，麦哲伦一边休整，一边派船考察。但很不幸，在考察中，一条船触礁沉没，而另一条船则逃之夭夭，不见踪影，看来是回国去了。

现在麦哲伦只剩下3条船了，但他不变初衷，毅然起锚继续前行。到了10月21日，大陆海岸骤然西折，而在海岸对面，有一个火光冲天的大岛，麦哲伦称它为“火地岛”。船队开进海峡，海峡里风大浪高，低温多雨，到处都是暗礁。麦哲伦死死守在瞭望台，临阵指挥航行。船队时而被死水道拦住去路，不得不多次掉头回驶；时而又被雾障挡住视线，无奈只好停航。经过28天曲折的航行，船队终于来到广阔无垠的洋面。眼前的这个大洋与以往所见的大洋迥然不同，没有一丝风浪，平静似镜。麦哲伦欣喜万分，当即在羊皮海图上挥笔写下“太平洋”。后人将他们穿过的海峡称作“麦哲伦海峡”。

船队的前头是无边无际的大洋，而他们的食品日渐短缺。途中，他们的食品全部吃完，不得不以船上能找到的可以吃下的东西来充饥。淡水也所剩无几，而且已发出臭味。船员们都骨瘦如柴，不少船员因患坏血症而死去。就在他们山穷水尽的时候，1521年3月6日，一片群岛显现在他们的面前。这真是绝处逢生。他们迫不及待地上了岸，岸上的土著送给他们许多新鲜水果和粮食。他们边休息边考察。正当他们准备重新起航时，发现船上的小救生艇不见了。麦哲伦大为恼火，他带着40名全副武装的水手洗劫了附近的部落，并且枪杀了7个土著居民。这似乎还不解恨，麦哲伦毫不犹豫地在羊皮海图上标下“盗贼群岛”四个字，然后下令出发。

太平洋真的是太平，船队一路顺风，在3月28日到达了菲律宾的棉兰老岛。麦哲伦旧地重游，激动万分，狂喊着：“我是第一个环球航行的人。”他12年前曾做过一次由西往东到达棉兰老岛的航行，而这次由东向西到达该岛的航行和上次加在一起，正好绕地球一圈。

但麦哲伦的兴奋并没有持续多久。当船队进入到菲律宾群岛的马克坦岛时，遇到了土著部落的攻击。在激烈的交战中，麦哲伦被几支标枪射中，跌入海中，而其他船员见寡不敌众，立即驾船逃跑了。

在麦哲伦命丧马克坦岛150年后，西班牙一个基督教传教团到“盗贼群岛”传教，发现当地的土著温和善良，“盗贼”两个字根本加不到他们的头上。于是传教团把“盗贼群岛”改为了“马里亚纳群岛”。

·解开“契丹”之谜·

马可·波罗从东方回到欧洲后，曾在游记里极尽能事地描绘了契丹国的繁荣，使契丹成为欧洲人向往和追求的梦想。可是，几个世纪过去了，欧洲探险家一直没能找到它，不禁开始怀疑起这个国家是否真的存在。一个叫鄂本笃的葡萄牙传教士对契丹国的真实性坚信不疑，1602年，他从印度出发，由北向东，发誓一定要找到契丹国。

为了能安全到达，鄂本笃在半路中加入了一个前往莫卧儿王国的商队。可是，商队害怕强盗的突袭，终日提心吊胆，不得不走走停停。这样一来，不长的路程竟足足走了8个多月。

离开莫卧儿王国后，鄂本笃找了个向导，继续他的探险活动。经过艰苦的跋涉，鄂本笃到达了喀什噶尔王国的首府叶尔羌。这个城市地处通往中国商路的要道，都市繁华，商业兴盛，许多南来北往的客商都云集在这儿。

鄂本笃最关心的是有没有契丹国，所以他逢人就打听。当好几个当地人告诉他在东方确实有个叫“契丹”的国家时，他不禁心花怒放，恨不得马上飞到那里。

几天后，鄂本笃无意中得知有一个商队正要前往契丹国，于是他立即找到了这个商队的首领，请求带他一同前往。在鄂本笃的苦苦哀求下，首领实在没办法，只得勉强答应，但他告诉鄂本笃说：“这一路上危险重重，你可要心中有数，别去送死。现在后悔还来得及。”

鄂本笃毫不在意，想都没想地回答道：“我千里迢迢赶到这里，就是想见见契丹国。因为怕死，很多人的希望都破灭了，但我却不在乎死亡，深信上帝会保佑我成功的。”

商队出发了，所经路途的艰难超出了鄂本笃的想象。他们时时出没在荒芜人烟的旷野，然后又要穿越塔克拉玛干沙漠，所经之处有时遍地碎石，难以立足，有时黄沙蔽日，睁不开眼睛，寒风吹得人皮肤龟裂，干燥无比的空气又让他们咽喉疼痛。商队到达库车后，不得不停下来休息一个月，因为那些可怜的马匹由于道路艰险，所驮的货物又重又沉，都快要累死了。

离开库车，商队又经过25天的跋涉，来到另一个小国。国王听说这支队伍中有位信仰耶稣而不信仰真主的人，顿时恼怒无比。他当众说，任何异教徒胆敢进入他的领土，他有权剥夺他们的财物和生命。鄂本笃知道，这一切，其实就是说给他听的。但他不动声色，悄悄地向国王送去了几件礼物，这才让国王怒气平息下来。

眼看出发的日子到了，可商队的首领没有一点要走的意思，原来他是想等更多人加入再动身，因为这样他将获利更大。鄂本笃却急不可耐，心情格外迫切，在谜底即将揭开之时，他是一分钟也等不下去了，于是告别了商队，独自一人启程了。

也不知走了多久，鄂本笃在途中迎面碰到一支从契丹回来的商队，这些人告诉鄂本笃，契丹其实就是中国，它的首都便是离此不远的北京城。这个消息让鄂本笃激动不已，怪不得人们找不到契丹国，原来它是中国的别称。1605年12月，历尽千难万险的鄂本笃到达了中国的肃州，进一步证实了马可·波罗笔下的契丹其实就是中国。

如果考证起来，这契丹是中国古代北部的一个民族，住在辽河上游，过着游牧生活。最初称为契丹国，后来改称为辽国，是中国历史发展的一个部分。

·徐霞客勇探妖魔洞·

中国古代受儒学思想的影响，有“父母在，不远游”的说法，所以探险家较少。有一些也多是奉帝王之命出行，或是为了宗教信仰求取真经，主要目的并不是为了进行地理学的考察探索。中国历史上可称得上是地学探险家第一人的当属明代的徐霞客。更让人钦佩的是，他的考察活动没有官方的命令和经济支持，完全是自愿和自费进行的。

徐霞客名弘祖，字振之，别号霞客，万历十四年（1587年）出生于江苏省江阴县。他从小爱读历史、地理一类的书籍、图册，喜欢研究山川河湖、地理风俗。年纪大一些后，他决心亲自到名山大川去游历考察一番。他的心愿得到了母亲的支持，这更坚定了他远游的决心。

22岁那年，他告别家人，开始外出游览祖国山水，探索自然奥秘。从此他把自己的毕生精力都献给了地理考察探险事业。旅途中他历经艰险，足迹遍及大半个中国，考察了许多名胜古迹、山川源流、风土文物。

1637年的一天，徐霞客到了湖南衡阳，听说当地有个麻叶洞，洞里有条神龙，还有很多妖魔鬼怪，从来没人敢进去过。徐霞客最喜欢搜寻奇险美景，听到这个消息后，一下子来了精神，决定做麻叶洞的第一个探索者。他想找一个向导带路，可没有人敢冒这个险。人们都劝他：“洞里全是神龙鬼怪，进去就没命了，除非你有很高的法术。”徐霞客没有理睬这套迷信说法，出高价找到一个向导。正当准备进洞的时候，向导听说徐霞客是个读书人，并不懂法术，吓得连声说：“好家伙！我还以为你是法师，才敢给你领路，原来是个读书人，我才不冒这个险呢。”说罢，转身就走了。

徐霞客并不罢休，带着他的仆人一道举着火把进洞探险去了。这时候，村里的百姓听说有人进洞，都围在洞口看热闹。

徐霞客走进洞中，仔细查看了洞穴的结构，对洞内的情况进行了详细的考察研究，并没有发现什么妖魔鬼怪。当他安全地走出洞口的时候，火把也烧完了。那些围在洞口的老百姓又惊又喜，都围过来问这问那。

徐霞客告诉老百姓，洞里没有妖魔，而是各种各样的石灰岩地形，有石钟乳、石笋、石柱等。由于南方气候潮湿，石灰岩接触或渗进了含有二氧化碳的水，就会发生化学反应，引起石灰岩溶解。经过漫长的地质年代，石灰岩被塑造成千姿百态的峰林、洞穴、洼地等。当地老百姓看到这千姿百态的地形变化，还以为有什么妖魔在作怪呢。徐霞客以亲身的实践和科学的道理，解开了当地人心中的疑团。

徐霞客对石灰岩地貌的考察和研究，是他在地理学上的最大贡献。他是世界上对石灰岩地貌进行大规模考察并作了详细记录和深入研究的第一人，比西方学者做同类性质的工作早了一两个世纪。

在考察途中，徐霞客将亲眼所见以及自己的学术思考用优美的文笔以日记的形式记录下来，后来，人们把他的日记编成一本60多万字的《徐霞客游记》。这部书不但是我国古代地理学上的宝贵文献，还称得上是一部优秀的文学著作呢！

·揭开西伯利亚的面纱·

16世纪中期以前，西伯利亚一直被人称为“黑暗之国”。因为很少有人能越过那块世界上最荒凉的地域。直到1644年，才有一位名叫迭日涅夫的哥萨克人，组织了一支由25名队员组成的探险队，从鄂霍次克海滨出发，向西伯利亚发起了挑战。

这是一次艰难的行进。探险队员们在来到阿纳德尔河南岸时迷了路。他们忍受着饥饿，在冰冷刺骨的雪地里胡乱走了10个星期，这才好不容易到达阿纳德尔河的入海口——阿纳德尔海湾。

在那里休整期间，探险队遇到了爱斯基摩人，让他们惊叹不已的是，那些爱斯基摩人都居住在用许多粗大的鲸鱼骨架搭建的房屋内。住了几天，探险队员们实在不适应那里的生活，因为那里既捕不到鱼，又捕不到猎物，饥饿让人难以忍受。没办法，迭日涅夫只得带着队伍回过头，朝阿纳德尔河的上游走去，希望能找到当地的土著居民，可以得到一点食物。可是一连走了20多天，连个人影儿都没见到，探险队员们不禁开始绝望了。

一天，队伍还像平常一样缓缓走着。忽然，一名队员一头栽倒在雪地里，迭日涅夫急忙上前扶起他，那名队员因多日的饥寒和劳累眼看就快不行了。他气息微弱地说：“队长，我实在走不动了，你们就别管我啦。”说完，便永远地闭上了眼睛。

迭日涅夫紧紧抱着队员渐渐冰冷的尸体，禁不住泪水直流。这时，围拢在他身边的其他人都纷纷说道：“回去吧，队长！这里什么都没有，再走下去，我们全都会和他一样，回去吧！”

迭日涅夫不愿放弃最后一线希望，为了鼓励队员们继续前进，他抹了一把眼泪，毫不犹豫地说："不行，现在我们已经没路可退了，惟一的希望就是继续朝前走，也许再走一程就能碰见土著居民。"

这天晚上，探险队就在那里过了一夜，第二天一早，又开始沿着河岸往前走去。一路上没有人说话，除了迭日涅夫，在其他每个人心里，都不相信会有奇迹出现。一天过去了，两天过去了……大地上什么也没出现，到处依旧是白皑皑的积雪和咆哮的阿纳德尔河。现在就连迭日涅夫内心也有些恐惧了，对自己是否能够活着走出这里开始产生怀疑。

就在众人绝望的时候，阿纳德尔河的河面猛地变得开阔起来，一名眼尖的队员忽然指着远处叫了起来："大家快看，那是什么？"

顺着他手指的方向，探险队员们极目远眺，呈现在眼前的竟是一望无际的大海！只见海面上耸立着一个巨大的石柱，它高得无法丈量，就在高耸入云的石柱背后，有一个形似汤匙的半岛，从北向南延伸入海。迭日涅夫和队员们高兴地欢呼起来。

岛上面居住有许多土著，这些土著虽然对以迭日涅夫为首的哥萨克探险者们的到来吃惊不小，但仍然很热情地招待了他们。探险队员们得救了。从那以后，西伯利亚东北部的神秘面纱被掀开了，这个岛正是今天的"堪察加半岛"。人们为了纪念迭日涅夫的功绩，就把亚洲海岸最东面的海角命名为"迭日涅夫角"。

·探险大军的覆没·

阿姆河是中亚最长的河流，传说里面布满了金砂矿。1715年春天，俄国沙皇彼得一世任命公爵亚历山大·切尔卡斯基为探险队长，去远征中亚的阿姆河。

在一个明媚的早晨，切尔卡斯基率领着1500人的探险大军上路了。他们从里海西北岸伏尔加河河口登船启程，沿着里海海岸一直航行到它的东北角，在那里，切尔卡斯基发现了一个海湾，那里碧波粼粼，风平浪静。后来，人们把这个海湾称作“亚历山大湾”。

离开亚历山大湾后，探险队向南行驶了一段时间，到达了位于里海中部的巴尔干斯克湾。那里居住着许多土库曼人，他们告诉切尔卡斯基，说“阿姆河”就是“大河”的意思，这是因为它水流湍急，河床变化无常。

由于语言不通，切尔卡斯基误解了土库曼人的话，以为阿姆河已改道流入里海。其实，阿姆河并不流往里海，它最终是注入咸海，但探险队对此并不知情，切尔卡斯基还派出一些队员前去做调查。

派出去的人没过几天就回来了，他们其实并没有什么新的发现，却一口咬定阿姆河已改道。切尔卡斯基听了坚信不疑，便率领探险队浩浩荡荡打道回府，把这一情况向沙皇彼得一世作了汇报。

为了找到阿姆河，彼得一世决定不惜一切代价。一个月后，他下令让切尔卡斯基再组建一支更加庞大的探险队，对中亚进行第二次大探险。

这年的9月15日，6000余人的探险队伍在切尔卡斯基的带领下，聚集在伏尔加河口。这天一大早，只听一声炮鸣，100多艘大船载着他们出发了。同第一次的路线一样，他们又来到巴尔干斯克湾，然后从那里弃船徒步朝东南方向行进，走着走着，发现河床越来越干涸，切尔卡斯基兴奋极了，以为这就是改道前的阿姆河。谁知队伍走到最后，“河床”的痕迹越来越模糊，后来竟渐渐消失了。

切尔卡斯基这时才隐隐感到可能走错了，于是他连续派了3名使者去朝见位于里海和咸海之间的希瓦国国王，请求他能给自己一些帮助，但派出去的使者一去不回。不得已，切尔卡斯基只得改变方案，沿海岸线率部下折过头开始北上。

此时已是他们离开家乡的第二年7月了，可还没找到阿姆河的影子。盛夏骄阳似火，把人烤得汗流浃背，探险队员都接二连三地倒下了，切尔卡斯基更是心急如焚，心里只能默默地祈祷奇迹的出现。又一个月过去了，探险队来到了希瓦国境内的绿洲上。这些绿洲正是由阿姆河河水灌溉的，切尔卡斯基惊喜若狂，队员们也精神大振，队伍不由自主加快了行进的速度。

就在离希瓦国不远的地方，前方忽然尘土飞扬，一支军队杀了过来。切尔卡斯基定睛细看，原来那是希瓦国的军队，这时他不禁恍然大悟：怪不得派出去的使者没了音讯，看来他们是不想让探险队进入他们的国家。想到这，他一挥手，拔出佩刀，率领着队员们迎了上去。探险队憋着一肚子火，正找不到地方出气，遇到眼前的情景，他们呐喊着冲上前去，以一抵三，大开杀戒，没多大一会儿，就把对方杀得落花流水。

希瓦国国王见势不妙，急忙派使者转告切尔卡斯基，表示愿意与探险大军谈判，最后答应探险队进城。谁知就在进城的第一个晚上，阴险的希瓦国国王突然对毫无防备的探险队员发动了袭击。这支探险大军就这样全军覆灭，切尔卡斯基也未能幸免。

虽然切尔卡斯基两次探险都没成功，但他的精神始终鼓舞着后人，俄国沙皇把他称为“最勇敢的探险者”。

·可怕的沼泽地·

19世纪初，德国植物学家乌尔里齐·亚斯帕·希辰为了考察阿拉伯沙漠地区的情况，加入了探险者的行列。

这天，眼看着天快黑了，希辰准备找一个背风的地方休息。他看了一下地形，决定在一个沙丘后面过夜。他放下背包，挖出一块小平地，忽然，沙地里爬出两只小蜥蜴。希辰心中一喜，想道：好久没吃过荤了，正好拿它们解解馋。他一边想，一边扑上去抓住了它们，然后拔出匕首，割掉蜥蜴的脑袋，一口一口将它们吃掉了。填饱肚子后，希辰用毛毯包裹好身体，带着旅途的疲劳，渐渐进入了梦乡。睡到半夜，希辰感到自己呼吸越来越困难，浑身竟然动弹不得。他睁眼一看，不禁大吃一惊，原来沙漠流沙正一点一点把他掩埋。

希辰急忙扑腾起来，费了九牛二虎之力，才好不容易死里逃生，但所有行李都被流沙吞噬了。他摸摸身上，只有贴身马甲的口袋里还有一些金币，外衣兜里还有半块昨天中午吃剩的面包圈，这让他不禁暗暗叫苦。

喘了一会儿气，希辰猛地想起自己一路上采集的标本，那些标本耗费了他多少心血，可不是用金钱可以计算的。希辰越想越不甘心，趁着晨曦，在昨晚睡过的地方挖了起来。他没有任何工具，仅靠一双手。没多久，沙地就被他挖了一个大坑，而他的手，却变得鲜血淋漓了。但为了找到标本，他已顾不上手指的疼痛。

坑越挖越深，希辰的半截手指被沙土染成了褐红色。突然，他停住了，感到手指触到了什么东西，他的心一下紧张起来：“会不会是我的行李呢？”想到这儿，希辰不由自主加快了掏挖的速度。终于，一截背包的带子在沙土中露了出来。

当太阳升起的时候，希辰终于挖出了自己的行李，他把背包搂在怀里，激动得流下了热泪。

在历尽千难万险后，希辰最终到达了目的地。他巧妙地化装成阿拉伯的伊斯兰教徒，混进去麦加朝拜的队伍，先后对麦加、麦地那进行了考察。在那里，他不仅采集了许多植物标本，还对当地的历史和风俗民情作了全面的了解。

就在希辰沉浸在喜悦之中时，一个伊斯兰教徒对他产生了怀疑，并召集了一帮人，气势汹汹拦住了他，质问他是从哪里来的。

希辰见这些人个个不怀好意，便镇定地说："丹吉尔。"那些人怎么也不相信，因为希辰长了一头和他们不一样的金发。希辰解释道："我虽是欧洲人，但在这里生活了很多年。"

阿拉伯人冷笑着对希辰说："既然你在这里生活很久了，应该清楚这里的法律条典。这是我们伊斯兰教的圣地，异教徒不能进入，你已亵渎了神灵，知罪吗？"

希辰见势不妙，急忙撒腿就跑，那群阿拉伯人跟在后面紧追不舍。随着他们的呐喊声，越来越多的阿拉伯人加入了追赶者的队伍。希辰心里一阵紧张，慌不择路跑进了草滩深处的一片沼泽地中。没跑几步，湿泥浆一下子没到他的膝盖。希辰大吃一惊，想拔腿回头，但泥沼眨眼又没到了他的大腿。

这一切都发生在短暂的几秒钟之内，看着在泥沼中越陷越深的希辰，追赶他的阿拉伯人都停了下来，全被眼前的景象惊呆了。希辰知道自己这次将必死无疑，他盯着不远处的阿拉伯人，大声喊着："为什么？这是为什么？"

没有人理睬希辰，沼泽地一点一点将希辰吞噬，很快又恢复了平静，就像什么事都没发生过一样。希辰就这样结束了他在阿拉伯世界探险的日子，也永远结束了自己的生命。

·陵墓探险·

波斯帝国有一个名叫“那克西斯塔尔”的陵墓山，传说那是2000多年前遗留下来的。由于它非常神秘，一直吸引着许多探险家，可是却没有一个人能够顺利登上它。1818年，英国画家罗巴特·卡·波达千里迢迢赶到波斯，决定去攀登陵墓山。

在出发之前，卡·波达雇佣了一个当地向导。那个向导一听说要去陵墓山，顿时吓得脸色发白，结结巴巴地说：“先生，别说去那里，就是‘那克西斯塔尔’这几个字也最好别提，您就打消这个念头吧！”

卡·波达听向导这么一说，更有兴致了，对向导说：“那你告诉我，那里究竟有什么可怕的事？”

向导一脸神秘，小声地说：“说来话长，早在2000多年前，大流士皇帝率领远征军横渡地中海，远征希腊雅典，每到一处都所向无敌，但他在凯旋回国后，全家六口突然遭到了灭门之灾。这件事就发生在可怕的……”说到这里，他没敢把“那克西斯塔尔”几个字说出来，而是用手指指那个方向，然后接着说道：“人们都说那里住着好多能吐火焰的大蛇，不管是谁，只要靠近那里，就不会有好下场。”

这个关于陵墓山的神奇传说简直让卡·波达一刻都坐不住了，他马上收拾好行李，催促向导尽快上路。可那个向导死活就是不肯去，没办法，卡·波达只好独自一人出发了。

经过几天的跋涉，终于来到了陵墓山下。卡·波达抬起头，可以清楚地看到半山腰宏伟的大流士陵墓，它几乎建在垂直的山崖断面上。望着它，卡·波达不禁犯起愁来：怎样才能爬上这陡峭光滑的山壁呢？正在这个时候，有一个当地山民碰巧经过，卡·波达急忙拉住他，恳切地说：“我来自遥远的英国，想爬到这上面去，你能帮帮我吗？”

山民在卡·波达的苦苦哀求下，点头答应了。他跑回去找来一捆结实的绳子，把一头系在自己的腰上，另一头拿在手中，使劲转几圈，然后用力向上抛去。绳子在空中荡了一个大弧线，一下套在陵墓台的圆形石柱上。山民用手使劲拽拽，猛地一纵，就像一只敏捷的猴子，转眼登上了陵墓台。

卡·波达正看得目瞪口呆，那山民挥挥手，把绳子放了下来。卡·波达接过绳子在腰上系紧后，也学着刚才山民的样子，拼命向上爬去。可是爬山并不像他想象得那样简单，没爬几下，就险象环生，令他叫苦不迭。

就在卡·波达上上不去、下下不来的时候，又有几个山民从山下经过，见他这副模样，便示意他松开另一头的绳子，由他们使劲一节一节向下拉。就这样，卡·波达一点一点被拉了上去，不一会儿，他就来到半山腰。忽然，一阵强烈的山风向他刮来，把他吹得来回摇晃，吓得他紧紧闭上了眼睛。

当卡·波达到达陵墓台以后，他简直就不敢相信这是真的，兴奋地连声大笑。休息一阵，他渐渐平息下来，开始了对陵墓的考察。最后，他还在陵墓门口，取出随身携带的画笔和纸张，兴致勃勃地画下了这个令他终身难忘的险景。

结束了对陵墓山的探险，卡·波达回到英国，于1881年出版了一本名叫《古巴比伦之旅》的探险著作，这本书连同他在探险时所画的精美素描，都被人们争相传阅着。

·传教士的拉萨之行·

1844年，在去往内蒙古大草原的路上，来了两个身穿袈裟、手持陶钵的喇嘛。与众不同的是，他俩并不是在这一带常见的中国喇嘛，而是两个金发碧眼的“洋喇嘛”，分别叫约克和约瑟夫。

其实，这两人是来自法国的传教士，本来是在中国北方传播基督教，一个偶然的机会，听说在中国西南部的西藏也有类似他们宗教的团体，就起了去西藏的念头。为了能尽快到达，他们就选择了由内蒙古、青海到西藏的路线。

一天，他俩来到一片阴森恐怖的森林，突然，一阵急促的马蹄声在林子里响起，并由远而近向他们奔来。没一会儿，一群强盗拦在了他们面前，大声吼道：“举起手来！把手放在脑后，谁也不许动！”

约克和约瑟夫吓得两腿发抖，只能眼睁睁看着强盗把自己身上值钱的东西洗劫一空，然后扬长而去。等缓过神后，约瑟夫颤声问约克：“怎么办？我们还去不去西藏了？”

约克想都没想，回答说：“去！为什么不去，我们传教就是为了让世上没有邪恶，强盗抢我们的钱，上帝会惩罚他们的。”说完，大步向前走去。

也不知走了多少昼夜，总算走出了这个危险地区，来到一望无际的内蒙古大草原。草原上美丽的景色顿时迷住了他们，让两人把在森林里发生的不快全都抛到了九霄云外，这一段草原旅程，令他们终身难忘。

两人在大草原上走了480公里，就转向东行，进入了荒凉的鄂尔多斯沙漠。在这儿，他俩碰上了一位好心的商人，知道他俩的经历后，送给他俩两匹骆驼，还有一路吃的、用的，并祝福他们一路平安。此时已经入冬了，白天狂风怒号、黄沙漫天，夜里寒风刺骨，冻得人难以入睡。最让人无法忍受的是那沙漠中的冰雹，它大得吓人，就像是巨人的拳头，砸得人无处躲身。

穿过沙漠，在横渡黄河的时候，他俩又一次险遭不测。汹涌咆哮的河水带着大量黄泥沙，一下子就把两人的骆驼冲走了。约克和约瑟夫在巨浪中拼命挣扎了几个小时，才侥幸爬上了岸，瘫倒在黄泥滩上。

就这样，他们历尽艰险，在第二年春天，到达了青藏高原西北部的佛教圣地噶尔穆。可这儿离西藏还很遥远，而且路更难走，于是，两人就在噶尔穆住了下来，想找一个好机会再出发。时间一晃就是大半年，这年的10月，正好有一个大规模的商队途经那里，他们的终点站就是西藏的拉萨。约克兴奋极了，立即拉着约瑟夫随商队一起上路了。

果然，下面的旅途更为凶险。当商队经过一处险峻的大峡谷时，突然刮起了暴风雪。为了避免被风暴吹走，约克和约瑟夫紧紧攥着牦牛尾巴，依靠牛的力量前进。这场风暴连刮了好几天，每天都有牛和骆驼丢失，也有不少人摔死在悬崖下或冻死在山路旁。尽管气候恶劣，人畜伤亡很大，但队伍依然挣扎着前进，终于在1846年的1月底进入了拉萨。

面对着雄伟神圣的布达拉宫，疲惫不堪的约克和约瑟夫脸上这才真正地露出了笑容，回想起一路上的艰辛，他俩不禁暗暗为自己感到骄傲。

·遭遇怪物·

西尼·加德华是法国的一名探险家，一直热衷于到世界各地考察不同的动植物。一次，他听人说，在亚洲印度尼西亚有一个叫科莫多的海岛，上面有很多与众不同的动植物，非常值得一看，于是，他毫不犹豫踏上了前往科莫多岛的旅途。

科莫多岛是印度尼西亚南端一个很不起眼的小岛，很少有人来过，岛上的一切都保持着原始状态。加德华一到这里，就激动得不得了，因为到处都是他从没见过的新奇动植物，让他大开眼界，他一路观看，一路采集，不知不觉来到了海岛的中部。

正当加德华专心致志在一片略显平坦的草地上采集标本时，突然看见10米开外的一个褐色土堆猛地一动，一头怪物缓缓站了起来。那头怪物像是一只巨大的癞蛤蟆，长约1米，尾巴也有1米左右，全身的皮肤褐色中带点绿，与周围的土壤颜色差不多，它的前肢短小，后腿粗壮，不大的脑袋上长着一对小眼睛。要不是它刚才一动，加德华差点就走到它跟前了。

这个怪物瞪着小眼睛，一动不动地望着加德华，鼻子里“呼呼”喷着气，似乎对加德华打搅了它的好梦感到恼怒。加德华更是不敢动弹，他到过世界许多地方探险，别说见过这种怪物，就是听都没听人说起过。就这样，他和那怪物僵持了几分钟后，那怪物慢慢低下头，晃晃悠悠钻到一堆灌木丛里去了。

加德华这才松了口气，但这个怪物让他感到十分好奇，他决心要仔细观察观察它，于是找了一个小山丘躲了起来。

工夫不大，一头野猪兴冲冲跑了过来，头一低，“哼哼哧哧”觅起食来，并慢慢靠近了藏有怪物的灌木丛。突然间，就听“啪”的一声，那怪物从灌木丛后面扫出了它的尾巴，正打在野猪的脑门上，野猪一下就飞了出去，一头撞在一块高出地面一大截的岩石上，野猪当场口吐鲜血，昏了过去。

接着，那怪物像闪电一般冲了出来，张嘴向野猪的脖子咬去，顿时血就顺着它的嘴角流了出来。野猪只是挣扎了几下，就再也不动了。等怪物抬起头时，野猪的脑袋已经被它吃得没剩多少了，随即，它又用锋利的前爪把野猪撕成了碎片，张嘴大嚼特嚼起来。不出10分钟，整头野猪被吃了个精光。这时，它才摇晃着小脑袋，蹒跚地走到树阴下，闭目养起神来。

在外探险这么多年的加德华，从未见过如此血腥的场面。他被吓得大气都不敢喘一下，匆匆忙忙离开了这个可怕的地方。啊，他真害怕，刚刚这怪物要是也这么尾巴一扫，嘴巴一张，自己不也成了它的腹中之物了吗?

回国后，他把在科莫多岛上见到的情景向朋友一说，根本没人相信他的话。为了证实怪物的存在，加德华带着朋友们又登上了科莫多岛，可是，他们找来找去，始终没再发现怪物的踪影，只见到了怪物留下的一些粪便。他们把那些粪便收集起来，带回了法国，进行化验研究，结果证明，这怪物的确同任何爬行动物都不一样。

后来经人推测，加德华遇到的怪物可能是一只恐龙。至于它是怎么生存下来的，人们猜测可能是这种恐龙在不断的进化演变中已慢慢适应科莫多岛的气候，并且科莫多岛的原始植物从没被人破坏，所以就给恐龙提供了生存的空间。

从那以后，加德华名声大震，而科莫多岛也成为各国探险家争先前往的地方。他们把加德华发现的恐龙命名为“科莫多恐龙”，每年都有很多探险家到岛上去寻找它的踪迹。

·攀登贡嘎山·

1957年，中华全国总工会登山队，以内地著名高峰四川省大雪山脉的最高点贡嘎山为攀登目标，进行了第一次完全由中国人组织的登山活动，登山队的队长是著名的探险家史占春。

贡嘎山海拔7590米，被人称为“山中之王”，在世界攀登史上，它曾被人误认为是世界第一高峰。出发前，史占春对伙伴们开玩笑说：“大家别把它看得这么可怕，把它当成一座小山丘就行了。”

然而，贡嘎山并不是小山丘，人类攀登它最好的记录是瑞士探险家哈姆创造的5200米。当史占春带领队员到达4700米的时候，一场突如其来的暴风雪封住了前进的道路，经过一番郑重考虑，史占春决定让多数队员原地待命，自己则先带7名队员去作一次路线探察。

史占春一行沿着一条新路线朝山脊进发了。这一路都是70度以上的陡坡，每前进一步都得刨出踏脚处，然后用四肢攀爬。雪山上经常会碰到隐藏无数裂缝和窟窿的冰瀑区，而它们的上面铺满了浮雪，根本看不出来，所以走在前面开路的队员必须十分小心地用冰镐在雪地上一点一点地探索。

走了没多大会儿，史占春突然感到胸前的绳索猛地被拉紧，险些把他拉倒，他定睛一看，在他前面开路的一名队员不见了。史占春顿时出了一身冷汗，心想糟了，那名队员肯定掉进冰窟窿里了。想到这儿，他急忙大声召来几个同伴，迅速抓住冰窟窿边正在下沉的绳索，费了九牛二虎之力，终于把那名队员从冰窟窿里拽了上来。

被救的队员脸色煞白，老半天才缓过神。他对史占春说：“在这个窟窿底下有着层层的裂缝，还有成千上万的冰锥和冰柱组成的冰刀山，深度难测，若不是您和同伴及时相救，我就再也见不到大家了。”

自从这件事发生后，史占春和队员们更加小心了。他们一步一步，好不容易在一天黄昏，到达了海拔5400米的地方。这时，大家都累极了，渴望能美美睡上一觉。史占春抬头看看天空，说：“这鬼天气看来不怎么对劲！大家先支起帐篷挡挡风，但千万别睡着了，今晚就克服一下吧！”

这一夜，山风大得吓人，队员们躲在帐篷里，用身体死死压住四个角，提心吊胆地熬到天亮。但没想到，一大早天空又出现了可怕的雷电现象，他们只感到头发像被什么东西吸住似的，不由自主地上下摆动起来，随身带的金属物，还不时发出恐怖的蓝光。史占春赶紧叫大家把金属物全部扔在一边，重新钻进帐篷，这才躲过了危险。

天气刚一好转，史占春的探察小队又匆匆上路了。他们经过两条冰裂缝和积雪很深的雪桥后，到达了海拔6000米的山脊。在山脊上，他们又度过了风雪肆虐的两天。其中一个风雪夜里，他们的帐篷全被埋在深深的积雪里，为了挖出来，他们冒着零下20摄氏度的严寒，连续挖了10多个小时，才挖出了自己的帐篷和衣物。

历尽了艰险，一条通往主峰的路线终于被这支顽强的探察小队找到了。他们把这个好消息告诉山下的同伴，同伴们欢呼雀跃，齐心协力，在队长史占春的领导下，终于将五星红旗牢牢插在了贡嘎山的峰顶。

·征服珠峰第一战·

中国登山探险队在成功战胜贡嘎山后，又于1960年宣布，他们将要征服世界第一高峰——珠穆朗玛峰。

许竞是这次行动的副队长，主要负责探察山路，他带领几名队员迎着凛冽的山风，一直冲在最前面。在到达5400米的山坡时，他看到几个乱石围垒的空地，里面散堆着已经锈烂的罐头盒，从模糊不清的一些英文商标上判断，这是第二次世界大战前英国远征队的遗物。当天晚上，探察队就伴随着这些历史遗物，度过了珠穆朗玛峰上的第一个夜晚。

第二天清晨，许竞和队员们翻过了一道险峻的岩壁后，开始进入冰塔区。这是一个奇特的冰晶世界，到处有数不清的尖锥形冰塔，有的高达十几米甚至几十米，它们玲珑剔透、晶莹夺目，构成了一座冰雪森林。许竞望着这一壮景，不由暗自感叹大自然的鬼斧神工，这一切更激发了他必胜的决心。

然而，接下来的路越来越难走，他们只能在冰塔之间的狭窄裂缝中挤身而过。走了一会儿，许竞对队员们说："大家走路讲话的声音尽量小一些，以免引起冰塔塌崩。"说完，他找出纸笔，为后面的队伍留下了一张警示条，上面写道：危险！冰崩地区，请绕右侧山坡行进。写完后，他带着队员从冰塔群里撤了出来。

右侧山坡是一个较为陡峭的斜冰坡，为了能让后面的队员顺利通过这里，许竞和同伴用冰镐在斜坡上刨出一级级整齐的台阶，修出了一条攀登之路，这条路一直通往海拔5900米的地方。

探察小队在接近6000米的地方，进入了一个巨大的雪盆。这是一片漫无边际的冰雪平台，冰川坎坷而且陡滑，巨大的裂缝像蜘蛛网一样密布着，几乎每走一步，就要跨越一个死亡陷阱。到了下午，天气开始变坏，刺骨的狂风围着探察队员们无休止地呼啸着，气温骤降到零下20多摄氏度，接着，浓密的雪粒横扫过来，能见度只有几米。

看着队员们的动作渐渐变得僵硬起来。许竞立刻吩咐大家借用登山索彼此保护，一个个紧紧串连起来，然后用冰镐来探路。

许竞走在队伍的中间，这样他能很容易发现前面或者后面的队员是否遇到危险。忽然，走在最前面的队员大声喊了起来："许队长，快来瞧瞧，这里有个死人！"

许竞急忙走上前，看见在路边的雪堆上有一团黑色的东西，俯身细看，果然是一具尸体。尸体侧卧着，看样子死者生前是位一米九的大个子，他的软组织早已不复存在了，所以根本无法辨认面目。

一个队员小声问许竞："队长，你估计这是什么人？"许竞想了片刻，说："从这人的衣物来看，是一个英国人。他肯定也是一个登山探险者，爬到这里才遇难的。"他们就地挖了个坑，将尸体埋了起来。

许竞和队员们在墓前默哀了一会儿，接着又继续上路了。这天傍晚，他和同伴们踏着坚冰到达了6400米的地方，并在那里为后面的队员建立了一个营地，胜利地完成了征服珠穆朗玛峰的第一场战役。

·甘当人梯的探险英雄·

在1960年的中国攀越世界第一高峰——珠穆朗玛峰的行动中，有一位虽未能登顶但被人称为英雄的人，他就是探险家刘连满。

1960年5月24日，登山队历经两个多月，到达了珠峰6400米的地方，大部分队员因体力消耗过大，都病倒了，只剩下刘连满和其他3个人，所以最后的冲刺任务就落在他们几个人的身上。他们毫不畏惧，发誓不到顶峰誓不罢休。

这支只有4个人的突击队，走了整整两个小时，才攀登了70米，来到一座陡峭而光滑的岩壁前，他们一次次地朝上攀登，又一次次从上面摔下来，5个小时里，他们经历了十几次的失败。

这个情况让刘连满心急如焚，自告奋勇地当起了开路先锋。他手持铁钎，在岩壁上凿出了无数小洞，好方便同伴踏脚。就这样，4个人一点一点地接近了岩壁的顶部，眼看再有3米就能到达岩壁的顶端了，可刘连满再也找不到能凿洞的地方。

怎么办？难道为这最后短短的3米就将这么多天的努力付诸东流吗？消防队员出身的刘连满骤然想到了消防队里的一项技术——搭人梯。他急忙回头对身后的同伴说道：“来，踩到我的肩膀上，我把你托上去！”

那个队员看看自己脚下钢牙铁爪的登山鞋，不禁犹豫起来。他实在不忍心往自己伙伴的肩上踩。就在这时，他的耳边又响起了刘连满焦急的声音：“别再犹豫了，难道你不想取得最后的胜利吗！”

尖利的登山鞋落在了刘连满的肩头，他紧咬着牙关，双腿颤巍巍地站了起来，要知道，他已经好久没吸氧，24个小时没进食了。在这样的高度，任何一个受力动作都会给身体带来极其难受的反应，因此他气喘急促，眼冒金星，但他还是使足了全身的力气，死死地支撑着同伴。然而，由于岩顶太高，同伴怎么也够不着。于是，刘连满又默默举起了手上的铁镐，让同伴站到镐头上。

这简直就是一个奇迹，刘连满在极度疲乏的情况下，在这高度缺氧的8500多米海拔上，竟能爆发出如此惊人的力量，他用自己的双臂将同伴举上了岩壁。

这时，4名突击队员离峰顶只有280多米了，眼看胜利就要来到，但刘连满却由于体力消耗过大，又得不到食品的补充，行动越来越缓慢，走不上几步就要躺下休息一会儿。为了不拖累其他人，他向同伴们摆摆手，说："别管我，你们3个人走吧，我在这里等你们的好消息。"

伙伴们含泪与刘连满拥抱了一阵，便转身消失在寒风呼啸的雪原之中，望着他们的背影，刘连满再也支持不住了，头一歪，昏迷了过去。一阵冷风过后，他又迷迷糊糊醒来，巨大的饥饿感让他的胃部像火燎一般疼痛，呼吸也开始越来越急促，胸膛似乎要炸裂，他隐隐预感到自己可能活不到和同伴们会师的时候了，于是他尽力克制着昏迷，硬撑着坐起来，艰难地从口袋里掏出纸和笔，吃力地写下这样一段话："亲爱的战友们，非常惭愧没能和你们一起去征服珠穆朗玛峰，我的口袋里还有几块糖果，氧气瓶里还有一点氧，等你们3人胜利拿下主峰回来后再用吧！永别了！"

写完这封诀别书后，刘连满把糖果全部掏了出来，放在信的旁边。他估计自己如果再次昏迷过去，就可能永远醒不过来了，所以他一直苦苦支撑着，哪怕只剩一口气，也不能让最后的那点生命之火熄灭。

就在刘连满与死亡做着较量的时候，3名登上主峰的队员出现在他的视线里，几个人紧紧搂在一起，谁也没说话，任凭热泪一个劲儿地流，他们的珍贵情谊在这世界最高峰得到了升华。

虽然刘连满没能登上珠峰顶端，但他依然是人们心目中伟大的英雄。

·孤身登上珠穆朗玛峰·

1980年8月18日清晨，天还没亮，意大利探险家莱因霍尔德·梅斯纳就从珠穆朗玛峰6500米处的大本营出发，开始了他一生中最大的冒险。这次，他独自一人，既没有带登山同伴，也没有带氧气瓶和无线电设备，他要完全靠自己的力量，去征服这座世界上最高的山峰。

当他走到冰隙上的一座雪桥时，桥突然塌了，碎成了无数冰块和粉末，他跌进了冰谷。梅斯纳急忙一手拿着破冰斧，一手拿着滑雪杖，沿着冰隙缝，再一步一步朝上爬去。费了很大的劲，他终于回到了刚才跌落的地方。

越过冰隙，梅斯纳继续向上攀登，到达了珠峰北坳的山顶。这时，他所在的高度为7360米。正当他奋力穿越一个齐膝深的小雪堆时，不知从哪里吹来一阵狂风，把他吹得东摇西晃，步履蹒跚。

仅仅只爬了100多米，梅斯纳就感到自己的步伐已明显缓慢下来。他知道，这是因为狂风使自己体力消耗过大的缘故。为了节省体力，他顺着山脊想找一条既能避风又较安全的路线。突然，他发现从雪堆里露出一截1米来长的红绳子。毫无疑问，这绳子是不久前其他攀登珠峰的登山队员留下的，没想到竟被自己找到了。

由于梅斯纳是孤身一人，所以登山用的东西全都在他一个人身上背着，这些东西加起来足足有15公斤，起先他还没感到什么，可越往上爬，肩上的背包变得越沉，压得他都快透不过气来，每走几步，就要停下来喘上一阵。试想一下，此时此刻就是空着手爬山也会喘不过气来，何况还背着15公斤的重物呢？随着越爬越高，他每次休息间隔的时间越来越短，他真想坐下来好好喘口气，但又怕自己再也无力站起来了。就这样，梅斯纳跌跌撞撞、喘喘停停，终于爬到了7800米处。

这时，天色渐渐已晚，看来只有在这儿找个地方凑合一宿了。找了半天，梅斯纳将帐篷支在一块大岩石旁。忙完后，他草草吃了一点肉干和面包，然后又在雪地里捧了几把雪，塞进水壶里。烧好水，他喝了些，就和衣钻进睡袋，昏昏沉沉闭上了眼睛。

第二天，朝阳照进了梅斯纳的帐篷，天气非常不错，于是他开始向顶峰发起了最后的冲击。在清新的空气中，精神焕发的他很快就接近了北山脊那段较陡的斜坡。但接下来的一段路却很难走，那没腰的积雪，使他每移动一步都要花费很多时间，这让他叫苦不迭。因为如果照这个速度攀登下去，这一天里根本完成不了登顶的目标，想加快速度，就得另寻一条捷径。

梅斯纳左右环顾了一圈，发现在他的右边有大片的积雪区。从表面上看，那雪好像很硬，于是他摸索着向那儿爬去。果然，那儿同他猜测的一模一样，坚硬的雪面如同实地，走在上面感觉好极了。

到了下午3点左右，梅斯纳掏出高度计测了一下高度：8220米。这个高度他并不满意，他认为自己还能爬得再高一些。当他又朝前行进了一个小时后，他不得不放弃了继续登顶的念头，因为一场浓雾挡住了他的去路。

这天晚上，梅斯纳几乎一夜没合眼，如果明早浓雾仍然不散，他就要面临痛苦的选择：要么冒险前进，要么打道回府。

当第一缕阳光洒在这世界第一高峰上时，梅斯纳早已站在了帐篷外。此时他的心情兴奋得要命，因为大雾已经消失得干干净净，这是一个难得的好天气。出发前，梅斯纳把冰爪绑在靴子上，摄像机扛在肩上，手里只提着一把破冰斧，其余东西他统统留在了帐篷里。

最后的冲刺开始了。梅斯纳手脚并用，缓慢而笨拙地向前爬着，好不容易来到顶峰的下面。他抬头望向峰顶，竟惊奇地发现上面有一个铝制的觇标，那是1975年中国登山队放置的，用来标明珠峰的最高点。梅斯纳拼出最后的力气，奋力朝那个觇标攀去。

终于，珠穆朗玛峰被梅斯纳踩在了脚下，一个新的世界登山记录就此诞生，他没用氧气瓶，没有任何帮手，完全靠自己的勇气，创造了孤身登上珠穆朗玛峰的神话。

·“酋长”救同伴·

1983年5月，3支装备精良的队伍开进了塔里木盆地，来到塔克拉玛干大沙漠，对此地开始了史无前例的地球物理勘探活动。

嵩忠信是一支沙漠勘探队的队长，人称“酋长”。他从进入塔克拉玛干沙漠那一天起，就把自己献给了这片“死亡之海”。在沙漠里，最令人头痛的是疯狂的风沙暴，常常威胁考察队员的安危，有好几次，嵩忠信硬是把迷途的伙伴从死亡线上拉了回来。

一天，一名开水罐车的司机，到百里之外的塔里木河拉水，突然一场风暴袭来，把运输线路给切断了，司机被困在了半路上，直到后半夜了还没能回来。

嵩忠信看着外面肆虐的狂风，估计到司机可能出事了。但他被困在什么地方、安危怎么样呢，嵩忠信坐卧不安，心里七上八下，在营地里急得团团转。

这时，风越刮越大，连营房都被刮得摇摇晃晃，像喝醉酒一样。一个队员猛地站起身，说：“队长，让我去找他吧！”

嵩忠信连连摆手，皱着眉头说：“不行，现在天太晚了，谁也不能出去，万一找不到，搞不好自己也会迷路的。”

黑色的沙暴还是一个劲儿地刮着，天到快亮的时候了，依然是漆黑一片，伸手不见五指，这种情况是在沙漠里呆了大半辈子的探险队员从没遇到过的。此时，外国工作人员再也沉不住气了，急忙抓起报话机向基地发出紧急呼救：“基地，基地，我们这里出现了黑风沙暴，处境十分危险，请……”还没等他说完，电台的信号就中断了。

营房里顿时鸦雀无声，所有人都死死盯着毫无声响的话筒，气氛一下子紧张起来。在这个时候和基地失去联系，就意味着大家谁也无法得到救援，生死存亡就全掌握在老天爷的手里了。

嵩忠信也一言不发，他双手叉在腰上，站在窗前遥望着远方，虽然他什么也看不见，但他心里一直担心着被困在沙漠里下落不明、生死未卜的司机，想着营救的办法。

外面的狂风依旧怒吼着，根本没有停息的意思。营房里的人都看着嵩忠信，谁也不敢吭声。终于，黑风沙暴有一点减弱了，只听嵩忠信说："谁来为我开车？"话刚说完，马上就有人举起了手，嵩忠信二话没说，拉上他迫不及待地冲了出去。

汽车艰难地在沙地里颠簸着。由于前方能见度极差，不得不走走停停。嵩忠信急了，大声说："我下车去给你引路。"

司机吓了一跳，一把拉住他，说："你不想活啦！这外头的风这么大，你……"还没说完，嵩忠信已摆脱了司机的手，把车门打开，蹦到车外，头也不回地说："你就安心开你的车吧！" 就这样，一个在外面指挥，一个小心翼翼地开车，他们一边找路，一边寻找着昨晚被困的司机。突然，嵩忠信兴奋地叫了起来："在那边，在那边！"顺着嵩忠信手指的地方，司机慢慢将车开了过去。果然，在一个沙丘旁，停着那辆水罐车。嵩忠信一边大声呼喊着那个司机的名字，一边打开了水罐车的车门。车上的司机万万想不到，在这种恶劣的天气里，嵩忠信竟能找到自己，他一把抱住嵩忠信的双肩，"哇"的一声哭了起来。

看着嵩忠信带回了司机，同伴们不禁又燃起了生存的希望。大家在嵩忠信的带领下，对营地进行了加固，终于安全逃过了这场灾难。

·救命的“树火麻”·

1985年春天，青年生物学家孟尔风独自一人来到了西双版纳。这次他除了探险之外，还要对那里的动植物进行科学考察。出发前，他在当地找了位年轻的向导。因为他是第一次到这里，过去常听人说这里不仅容易迷路，而且还经常有虎豹出没。

西双版纳是我国的生物宝地，它之所以每年都能吸引许多探险家前来，是因为这里各种稀奇古怪的动植物应有尽有。果然，孟尔风跟在向导后面，一路上大开眼界。森林大山他也跑过不少，不过还没有哪个地方能让他如此眼花缭乱的。在不知不觉中，天色慢慢黑了下来。

随着气温的下降，林子里不时阴风阵阵，吹得人心里不禁有些发寒。这时，向导对孟尔风说：“先生，趁天还没有完全黑下来，我们往回走吧，如果不及时离开这里，恐怕会有麻烦的。”

的确，在这人迹罕至的地方，意想不到的事常有发生。孟尔风也知道这一点，于是他和向导掉头往回返。两人刚走了一公里的光景，忽听附近的丛林里传来几声凄厉的怪叫，声音忽大忽小，随风四处飘散，叫人心里直发毛。

孟尔风四下望望，什么也没发现，还没来得及发问，向导的脸色猛地一变，小声地说：“先生，我们不能再走了，今天晚上就留在这里过夜吧。”

在这里过夜？孟尔风没搞明白怎么回事，忙追问道：“为什么？我们为什么不走了呢？我看最多再有3个小时就能走出去了。”

向导的眼睛在黑暗中一闪：“难道你没听到刚才的声音吗？现在

在我们的周围有许多野猪和豹子，想走出这片林子已经来不及了。”

孟尔风有些紧张起来。有一次，他到长白山去采集植物标本，就遇上了一只老熊，要不是他机灵，恐怕早成了那老熊的晚餐了。这事到现在想起来，他心里还有点后怕。他赶紧问向导：“现在怎么办？我们是找个山洞躲起来，还是上树？”

向导果断地说：“上树！只有上树比较安全。”说着，他四下打量起来。此时，一轮明月已升到了半空，四周被照得清清楚楚，向导突然兴奋地叫了一声：“有救了！我们有救了！你快看，那里有4棵树火麻，我们就躲到那里去。”话音没落，他直奔过去，可走了两步，他又停下了脚步，非常严肃地对孟尔风说：“等会儿你可得小心，裸露在衣服外面的肌肤千万别碰到这树火麻上，切记切记！”

这所谓的树火麻不过是几棵小树，看上去并没有什么特别的地方，可既然向导再三叮嘱了，孟尔风也不好不听。两人小心翼翼躲进树火麻组成的包围圈里，刚坐下，周围就出现了十几对清幽幽的亮点，孟尔风知道，这些是野兽的眼睛。说来也怪，那些野兽在包围圈外转来转去，就是不敢靠近，这是怎么回事呢？孟尔风直挠头，想了半天也没想明白。

这样挨了一夜。天一亮，那些野兽便悻悻地离去了。孟尔风站起身，兴奋得差点没跳起来，想不到，平时凶猛无比的野兽竟拿自己一点办法都没有，这个树火麻真值得好好研究研究。他越想越高兴，把向导昨晚说的话忘得一干二净，不由自主伸手去摘小树上的树叶。谁知他的手刚刚碰到，一种火烧火燎的感觉在他手上传递开了，痛得他不由大叫一声。怪不得野兽们不敢冲进来，原来这树火麻这么厉害！

考察结束后，孟尔风带了几个树火麻标本回去研究了一番，原来这树火麻的叶子上不但有刺，而且它还能分泌一种生物碱，所以能把人灼得像火烧一般。

·珠峰顶上等同伴·

20世纪80年代，中国登山协会向日本和尼泊尔登山界提出一个大胆的建议：三国联合组队，把攀登珠穆朗玛峰的难度加大，从珠峰南北两面同时登顶，实现共同跨越珠峰的梦想。日本、尼泊尔登山家立即响应，他们于1988年3月，先后进入了海拔在5154米的北侧大本营，开始了第一次行军。

藏族探险家次仁多吉是中国队的一名主力，肩负着第一个跨越的重任。他顶着呼啸的寒风，脚踩着没膝的积雪，一步一步，第一个率先到达了顶峰。

这是中、日、尼三国双跨珠穆朗玛峰的一个历史性的时刻。次仁多吉站在顶峰上激动地大吼起来："我代表中华民族，代表中、日、尼三国友好登山队报告，我上来了，雪山和白云都踩在了我的脚下！"这声音通过无线电台直达北京，又通过广播和电视传向了全世界。

几分钟后，次仁多吉的氧气用完了，可是他还不能下山，因为他必须要在峰顶等待南侧的登山队员，与他们会师。由于缺乏氧气，他的大脑开始混沌起来，次仁多吉忙抓起一团雪，在脸上用力来回擦拭，好让自己保持清醒。他知道，越是在这个时候，自己越要坚持下去。

30分钟以后，次仁多吉的报话机里传来了北京总指挥部的声音："次仁多吉，你有什么问题吗？还能坚持吗？"

此时，次仁多吉经受的是零下三四十摄氏度的严寒，他咬咬牙，斩钉截铁地回答说："能，我一定会等到南侧队员到来的！"

总指挥部说："再坚持一下，多活动活动手脚，马上就有队员登顶了，他们带有两瓶氧气，到时候你拿去一瓶。"

次仁多吉想都没想，说："我什么也不需要！他们的氧气肯定也不够用，还是留给他们自己吧！"

又近一个小时过去了，次仁多吉已经在峰顶上等待了88分钟，可后面的队员还没出现，总指挥部只好再次下达命令："次仁多吉，我们命令你立即下山，去找日本和尼泊尔的队员。"

然而，次仁多吉没有走，依然站在峰顶，他深信，自己的伙伴肯定会来的。10分钟后，一名同伴的身影出现在次仁多吉的视线里，他兴奋地拿起报话机喊道："已经有队员登顶了！"

总指挥部的人这时才知道，次仁多吉还在峰顶，谁也不敢想象，他为了等待与南侧队员会师，在无氧的状况下，竟能在珠穆朗玛峰上停留99分钟，这可是一个从未有人敢尝试的世界记录！如果再不走，他的双手甚至双脚都可能被冻断，那样的话，就再也无法跨越珠峰了。

等日本和尼泊尔的登山队员到达峰顶后，次仁多吉才和他们一起迈出了跨越的第一步。在返回的路途中，日本和尼泊尔的登山队员听说了次仁多吉的事情，非常震惊，随即都冲着他竖起大拇指，用半生不熟的中国话说："好样的，你才是这次登山活动真正的英雄！"

次仁多吉微微一笑，回答说："这并不稀奇，每个中国登山队员都能做到这一点，他们全是勇士。"

·穿越“死亡之海”·

刘雨田是一位普通的中国公民，但也可称得上是一位名副其实的探险家。他从1988年1月27日出发，开始只身一人徒步穿越塔克拉玛干大沙漠，最终用了70天的时间，完成了这次艰难的探险旅行。

出发时，刘雨田没有骆驼，没有专业仪器，没有伙伴，只有140公斤重的行李陪着他。由于他无法一次背起所有的东西，所以只得一趟一趟来回去拖他的行李，也就是说，一个单程，他得来回走上好几次。

这天晚上，刘雨田在一棵胡杨树下卸下了行李，打算好好休息一下。连日的疲惫使他很快进入了梦乡。梦里他见到了自己的妻子和孩子，他们正焦急地盼望着自己的归来。

忽然，刘雨田感到身边好烫，让他一下从梦中惊醒。他抬头一看，不好！原来身旁的胡杨树着火了，火势随着风势越来越大，已快吞食到他的行李了。刘雨田像触了电似的跳了起来，急忙挥舞着衣服拼命地扑打，但无济于事，火依然没有减弱。没有办法，他只有把水壶里的水倒在胡杨树上。

火终于熄灭了，但刘雨田的水已用去了一半。在这没有水源、荒无人迹的沙漠中，一滴水就意味着一次生命，而刘雨田却把死亡留给了自己，他不愿看到胡杨树受到伤害。这段经历，刘雨田在日记中写道：“我用水去救它，是因为希望它能够蓬勃地撑起一个硕大无比的树冠，骄傲地招展在大漠的天空下，让黄沙成为绿洲……”

随着饮用水的减少，死神开始向刘雨田发出了挑战。刘雨田紧咬着牙关，毫不畏惧，一步步向前走着，他告诉自己，千万不能死，因为自己身上还肩负着许多人的厚望。

接下来的几天，刘雨田明显地感到体力越来越不支，更糟糕的是他竟迷失了方向，不知道自己的确切位置了。为了能活着走出这片“死亡之海”，刘雨田决定放弃行囊，那里面有记载的有关塔克拉玛干的资料，有拍摄沙漠景象的胶卷。

水喝完了，刘雨田开始接自己的尿。头几次，他刚把尿送到嘴边，就把它泼掉了，然后抱头痛哭。但是最后，他还是一口一口喝完了自己的尿，他知道，要想活下去，没有别的办法。

从此，刘雨田见什么吃什么，树皮、树根，甚至苍蝇、蜥蜴和一些不知名的小虫子，也成了他的腹中餐。这一切，都是为了能够走出塔克拉玛干。

再后来，刘雨田进入了一种半昏迷状态，脑子里经常会出现一些幻觉。不得已，每当这时，他只能躺倒休息一下。

也不知在沙漠里走了多少天，刘雨田再也走不动了，只能艰难地往前爬，爬不动了，休息一下再爬。这时，他第一次感到绝望，看来自己这次真要死在这里了。

这天，刘雨田爬着爬着，突然闻到一种湿腥味，预感告诉他，自己得救了。果然，奇迹出现在刘雨田的眼前：克里雅河在不远处静静地流淌着。

终于，刘雨田穿过了塔克拉玛干沙漠，他顽强的精神受到了世人的钦佩。

·北冰洋上的爱情·

18世纪初期，彼得大帝为了绘制俄国新疆土的地图，派出大规模的探险队，去考察整个西伯利亚的北部海岸地区，其中一支队伍由航海探险家普隆契谢夫带领，他的任务是寻找北冰洋的不冻港。

临行前，普隆契谢夫正在筹备婚事，可行程紧迫，他只好匆匆举行完仪式就准备上路了。新婚妻子一直默默地把他送到码头，目送丈夫向船上走去，突然，她喊了一声："求求你，让我也去吧！"想到前途吉凶难料，普隆契谢夫犹豫了，但面对妻子的泪眼和殷切的神态，他的心还是一软，终于答应了。

探险船从勒拿河上游出发，一路顺水又顺风，在刚开始的10000多公里的行程中，岸边绿草如茵，花香醉人，让所有人感到这似乎不是一次千辛万苦的探险，而是一次心旷神怡的旅游。

然而，这种闲情雅趣在船进入大海后，就一扫而光。只见在无边无际的北冰洋里，成群的冰山就像一只只狰狞的怪兽，起伏不定，迎面而来。普隆契谢夫不紧不慢，指挥着探险船借着强劲的东风，避开冰山，向西直驶而去。这是人类第一次在这片陌生的大洋中扬帆行驶。

转眼间，冬天来临了，狂风夹着鹅毛大雪漫天飞舞，探险船的外体就像裹上了一层银色铠甲。最让普隆契谢夫头痛的是海面上整日的浓雾，看不清方向，万一撞上冰山或礁石，那就要葬身大海。没有办法，他只得让船走走停停，好不容易来到离勒拿河口200公里的地方，最后实在不能再航行了，船才就地抛锚停泊。此时，北冰洋已经完全封冻了，探险队只有等到来年冰融雪化后才能继续前进。

北极的寒冬长达6个多月，终日不见太阳，普隆契谢夫带着妻子和队员们住进了爱斯基摩人遗弃的小屋里，点着长明灯，企盼着冬天的结束。没多久，带来的粮食吃完了，他们便去猎取海豹和驯鹿。为了御寒，他们用血腥的兽皮缝制衣服；蜡烛点光了，就熬动物油脂来照明。由于长时间吃不到蔬菜，普隆契谢夫和妻子都患上了坏血症，他们浑身每一处关节和肌肉都剧烈地疼痛，牙龈肿胀得非常厉害。

冬天总算结束了。当久违的太阳斜挂在地平线上的时候，所有人都相互搀扶着，跌跌撞撞跑出了小屋，他们再也压抑不住内心的喜悦，高声欢呼不停，更有人“扑通”一声，跪在地上，任凭泪水一个劲儿地流。

好好享受了一天阳光后，探险队员们开始整装待发，可普隆契谢夫的两腿不听使唤了，他在妻子的搀扶下，颤巍巍地走上了船。见普隆契谢夫病得这么厉害，队员们纷纷劝他再休息几天，普隆契谢夫却把手一挥，笑着说：“快上路吧，要是耽误了，冬天又要来了。难道你们都想变成爱斯基摩人吗！”

船在北冰洋上航行了一个月，泰梅尔半岛渐渐呈现在普隆契谢夫的眼前，这将是他此行的最后一站。他按捺不住兴奋的心情，不顾别人的劝说，执意要到甲板上值班瞭望。他的妻子放心不下，便随着丈夫一同上了甲板。

那晚，风平浪静，但天气出奇地冷。刚入梦乡的队员们忽然被一声尖利的惨叫惊醒，他们急忙奔上甲板，只见普隆契谢夫已经冻死在妻子的怀中。

几天后，普隆契谢夫的妻子由于悲伤过度，也跟着忧郁而死。临断气前，她对队员们说：“把我和普隆契谢夫葬在一起，我和他生生死死都属于这无情的冰雪。”

队员们悲痛万分，把船靠在岸边，将普隆契谢夫和妻子合葬在一起。当探险船准备继续向前航行时，短暂的夏季已经结束，恐怖的冬季眼看就要来了，队员们几经权衡，决定停止探险，从原路返回。

当他们把普隆契谢夫去世的消息带回祖国，全国上下都震惊了，他们不仅为失去一个勇敢的探险家而惋惜，更被他和妻子忠贞不渝的爱情所感动。

·白令与白令海峡·

白令，原籍丹麦，后来加入了俄国海军，任海军军官。1725年，俄国政府建立了一支探险队，任命白令为队长，到北太平洋地区进行探险活动。

白令率领着一支70余人的探险队，从圣彼得堡出发，开始了探险之旅。经过一番艰辛和曲折的行程，他们到达了勘察加。这时候，冬季已经到来，浮冰封住了海面，没办法，白令只能决定在堪察加东岸的一个无冰海港越冬。

漫长的冬季直到来年的6月才结束，白令的探险队马上分乘两艘帆船，离开了海港，向茫茫的太平洋驶去。经过漫长而艰难的航行，白令和船员们终于看见了漫长的海岸线，在那上面耸立着一座座山峰，远远望去，山顶上白雪皑皑，十分雄伟壮观。这个情景让全体船员都激动万分，纷纷向白令祝贺，但白令却没有流露出任何高兴的表情。他只是默默地望着远方海岸线上的山峦，显得忧心忡忡。因为他还不能确切知道，这到底是什么地方。

陆地越来越近了，海岸上的针叶林清晰呈现在探险队员们的眼前，这时，白令激动起来，他下令沿着海岸线继续航行。谁知没过多久，忽然起了大雾，而且越来越大，海面上几乎什么都看不见了。不得已，白令只得让船队减慢速度，以防碰上礁石。

就这样，船队慢慢地走了三天三夜，大雾才慢慢散去，一片未知的陆地海岸出人意料地出现在白令的眼前。惊喜若狂的白令赶紧命令船队加速前进，可就在这个节骨眼上，可恨的浓雾又不知从哪儿冒出来了，让船队费尽了九牛二虎之力，好不容易才摆脱困境。他们不得己只能返航，探险以失败告终。白令并不知道，大雾使他无法看到自己驶过了西伯利亚和阿拉斯加之间的一条水道——后来以他的名字命名的白令海峡。

1741年，白令率探险队再次北上，这一次他们经过了阿留申群岛，又一次来到了阿拉斯加海岸。然而此次航行中，不幸多次袭向探险队，许多船员染上了坏血症，这让白令头疼极了，他还没想到解决的办法，一场强劲的逆风又刮向船队。为了避免发生危险，白令只得下令降下风帆，让船只随波漂泊。

随着漂泊，船员们的坏血症蔓延得越来越厉害，风暴接连不断袭击航船，探险船就像一块大木板，随着风浪漂浮，水和粮食变得越来越匮乏，所有人都对生还失去了信心。

1741年11月4日，船队的前方终于出现了一条高耸的海岸线，正被疾病、饥饿和严寒折磨得濒临死亡的船员们不禁激动万分，以为马上就可以得救了。几个钟头后，船队驶近了海岸线，但是白令找了半天，也没能找到适合船只停泊的港湾，最后只得让船队暂时停泊在一个石崖岛边，这里离海岸还有一段距离。

风暴还在海面上呼啸着，没有任何停止的征兆，突然，一个巨浪将停好的船托到了半空重重地摔了下来，锚链被拉断了！那半截铁链在空中画着弧线，狠狠打在船体上。船上的人都被吓得呆如木鸡，任凭风浪摆布。谁知，船随着海水转了个弯，奇迹般地进入了一个港湾。这港湾里风浪很小，绝望的人们顿时精神一振，庆幸自己绝处逢生。在白令的带领下，大家开始下船登陆了。

这是一个海岛，船员们在岸边挖了几个土坑，上面蒙上一层帆布，成了他们临时居住的房子。因为没有新鲜的食物补充，船员们的身体状况越来越差，慢慢地，大部分船员都重病不起。后来，连白令也病倒了，他在简陋的房子里躺了一个月，为了躲避严寒，能使自己暖和一些，他把半个身子埋在沙堆里，但他最终没能逃脱死亡，于1741年12月8日，告别了他热爱的探险事业。

白令去世后，幸存的船员们从损坏的船只上拆下有用的材料，在第二年的春天建造了一条不大的二桅船，经过四天四夜的航行，才回到堪察加。虽然探险行动没能成功，但白令的探航，为太平洋这片海域开辟了从堪察加前往美洲海岸的航线。为了纪念这位探险英雄，就将白令病逝的那座荒岛命名为白令岛，将位于西伯利亚与阿拉斯加之间的海峡，命名为白令海峡，将堪察加海域，命名为白令海。

·捷足先登争第一·

英国绅士爱德华·温巴是位登山探险家，他一直向往有一天能攀上阿尔卑斯山中最险最陡的马特荷伦峰。为了把梦想变成现实，他于1865年开始着手准备起登山的事宜。就在这时，一个消息传进了温巴的耳朵里，说意大利探险家卡烈尔要赶在他之前开始攀登马特荷伦峰。

这个消息让温巴再也坐不住了，他不愿在他之前有人先征服马特荷伦峰。于是他临时提前了探险日期，定在和卡烈尔同一天出发，想看看到底谁能先到达顶峰。

1865年7月13日清晨，两支探险队，一个在山这头，一个在山那头，几乎是同时出发。这次探险让温巴觉得非常与众不同，像是一场英国人与意大利人争夺制高点的激烈战斗。

温巴的登山队马不停蹄地向上进发，而且进展得相当顺利。队员们个个精神饱满，一边攀登，一边还把想得起来的歌曲唱了个够。即使是在攀越绝壁的时候，大家也都像羚羊一般的灵活。当天晚上，温巴一行在900米高的山崖处宿营。

吃过晚饭，向导缓缓地站起身来说："我去探探明天的路，听说东边的石梁很是麻烦，我先去看看。"说完，他的身影就消失在山岩后。温巴用手指郑重地在胸前画了个十字，说道："请上帝保佑这个年轻人吧！"

两个小时后，向导回来了。他气喘吁吁地告诉众人说："从这里开始，一直到顶上，没有我们过不去的地方。"

大家听了，情绪更是高昂。而这时温巴心里却默默想着：卡烈尔他们现在到了哪里？难道在我们的上边吗？想到这儿，他让大家抓紧时间休息，明天必须比计划提前些出发。

第二天，东方刚刚发白，温巴和他的队员们就起程了。当他们翻上两处绝壁之后，太阳才一点一点地从脚下的谷底慢慢地升起。

几个小时之后，温巴到达了通向山顶的最后山梁上。眼看就要把整座马特荷伦峰踏在脚底下了，他不禁嘀咕道："卡烈尔这家伙会不会已经抢先登上峰顶了呢？"向导安慰温巴说："不会的，绝不会的。他们几个愚蠢的人犯了个错误，装备太沉重了，就像蜗牛背着硬壳那样，怎么能爬得快呢？"

温巴振奋起精神，命令全队加快向上的速度。他一边爬着，一边大声地喊："加油啊，伙计们，这是最后的竞争了，可别让岩石后面突然冒出来的意大利人抢到前头！"

队员们也都跟着大声喊着："加油，使劲呀！超过意大利人！"

在众人的齐声呐喊下，探险队终丁踏上了马特荷伦的顶峰。但是，温巴还没放下心来，他让众人分头察看雪面，看看意大利人是否已经在雪地上留下了脚印。温巴像只猎犬似的四处察看，他猛然发现几百米以下的一条雪溪边，有一队很小很小的人影在晃动。温巴激动得浑身颤抖，他高声叫喊起来："意大利人，意大利人还在下边！"

喊到这儿，他又接着朝山下喊道："喂，卡烈尔，老伙计，老山羊！别忙乎了，你的对手爱德华·温巴早已经登上了顶峰！"

温巴的激情感染了同伴，他们忘情地在顶峰欢呼着，跳跃着，庆贺梦想的实现和竞争的胜利。

·挑战伊格北壁·

伊格北壁位于意大利北部，阿尔卑斯山伊格峰北侧，它海拔高度为3975米，犹如一把钢刀直插山间。不管在哪个季节，它的上面都布满了坚硬光滑的冰，因而看上去又像一面映照天地的大玻璃镜。

1936年，一支由4人组成的登山队来到了伊格北壁，他们在年轻的探险家戴尼·库尔兹的带领下，决意要征服它。

攀登的头两天，天气很好，登山队进展得非常顺利。他们使用岩钉、环扣等工具来配合手脚的动作，小心地踩着每一个落脚点，慢慢地向上移动。他们的动作准确无误，完全达到原计划的要求。峰顶上不时地落下石头，但都被他们灵巧地躲过去了。为了保持体力，他们还把身体悬在空中稍作休息。

第三天早上，队员们已经完成了大部分的攀登，离顶点只剩300米左右了。大家并没有因两天两夜的攀登而感到疲倦，相反，他们个个精神抖擞，有两名队员甚至还用“丁丁当当”的锤声来表示庆贺。

山麓下聚集了许多热情的观众，他们用望远镜观看着队员们登山的整个过程。人们时而惊叹，时而欢呼，到了关键时刻，大家几乎停止了呼吸，这时观众的心已与攀登者的心连在了一起……胜利就在眼前，所有的人都这么想。

恰恰就在这一时刻，天气发生了突变。狂风大作，气温骤降，雪水猛烈地吹打着队员，很快就结成了冰。不一会儿，每个队员与整个岩壁一样，都被裹上了一层光滑的冰壳。他们感到自己的身体已像岩石一样僵硬，再呆上一会儿，肯定会成为伊格北壁的一部分。

实在不可能再向上攀登了，于是，他们4个人商量后，决定慢慢地往下退。但是已经晚了。这时的岩壁变得更加晶莹光滑，刚刚落过脚的岩钉也被冰冻住了。有的成为稍稍突出的冰坨，有的则不见了踪影。他们的脚已无法向下伸展，因为再也找不到一个可以支撑的地方。大家呆在原地，上下不得。

山麓下观望的人们，看到雨雪肆虐，又发觉他们4人停止一切动作，一动也不动地吊着，断定他们是陷入了困境。人们立刻组织起救援队，然而大家心里都明白，在这种恶劣的天气条件下，要到达4个遇难者的附近是很困难的。

这时，有人提议救援队到一个叫做勇固弗洛的铁道山洞。勇固弗洛铁道山洞穿过伊格峰，通过它可以到达伊格峰的中途。救援队中有很多登山的行家，他们很快通过山洞，来到4人所处岩壁下约100米处。忽然，一阵凄惨的呼救声从上面传来："快来救救我！他们都冻死了，只剩下我一个，救命呀……"那是探险家戴尼·库尔兹的声音。

救援队人员冒着冰雪狂风，试图接近库尔兹。不料，当到达距离他30米远的地方时，碰到了结着厚冰的岩面，不论他们怎么努力都无法再前进一步了。

现在，惟一的办法是让库尔兹自己设法利用登山索荡下来。在救援队人员的指挥下，库尔兹艰难地掏出刀子，割断了登山索与同伴联系的部分，然后，又用绳子把岩钉和环扣结牢，做成一个绳套，套在自己的身上。就这一点简单的动作，被冻得半死的库尔兹竟然花了好几个小时才完成。当他终于能够向救援队所处的地方下降的时候，他那已变了形的脸上，满是痛苦不堪的表情。

风雪停止时已近傍晚，天色暗淡下来。岩壁四周鸦雀无声，笼罩着死一般的寂静。人们只能听到，库尔兹被冰雪厚厚包裹着的登山鞋在"噗！噗"地磕碰着岩壁。这声音在此时听来是那样地让人揪心。

就在这时，登山索上的绳结在晃动中突然缠住了环扣。库尔兹使出生命最后的力量，还是无法将它解开，而他的体力消耗已经超出了极限。他的头垂了下来，停止了心跳。这位勇敢的年轻探险家，就这样把自己的生命献给了伊格北壁，献给了人类的登山事业。

·海底历险·

法国人奥古斯特·皮卡德从小就热衷于冒险活动。他的座右铭是："生活等于挑战和探险。"1948年，68岁的皮卡德设计出一种独特的深潜器——"海下气球"，他把这个潜水球取名为"FNRS-2"号。

这年7月，"FNRS-2"号被送到法国布列塔尼半岛的西海岸。经过一番准备，皮卡德于23日钻入了潜水球，由母船"宙斯"号把它放到海面。"FNRS-2"号在离岸约70米处开始斜线下潜，周围的世界越来越黑暗。皮卡德打开前方的聚光灯，海水变得明亮起来。这时，他似乎有一种不祥的预感，想停止下潜，向上浮起，但已经来不及了。他看到在潜水球前面约20米处，有两个巨大的黑影纠缠在一起。好奇心驱使皮卡德向它们接近，他把聚光灯照到它们身上。他看清了，原来是一头抹香鲸与一条大王乌贼正进行着殊死的搏斗。由于它们的剧烈运动，海水发生了暗流，使"FNRS-2"号上下不定。皮卡德关掉推进器，但依旧亮着灯光。这时，那头抹香鲸巨大的尾鳍一拍动，挣脱了大王乌贼的"拥抱"，逃遁不见了。而那条长约9米的大王乌贼却一步步地向潜水球逼近。

皮卡德有些惊慌失措。他想启动推进器，但四周已布满了浓浓的墨汁，聚光灯的强光也难以射穿。既然如此，皮卡德干脆听天由命，关上了聚光灯。这是皮卡德的一个错误决定，大王乌贼对失去光亮的潜水球更加有恃无恐了。它对潜水球肆意发威，用它那电线杆一样粗的腕足拍打着球体，发出恐怖的声音，使皮卡德不寒而栗。

大王乌贼抱住潜水球东拉西拽，使它忽上忽下。皮卡德不时地首足倒置，不知所措。但他很快明白，这是生死存亡的关键时刻，必须保持镇静。于是他迅速打开排水器和推进器，双腿紧紧夹住驾驶座。左手操纵聚光灯开关，让灯一明一暗，右手拿了一截钢管，敲打着“FNRS-2”号的内壁，试图用光和声音来驱赶这极不友好的家伙。

皮卡德不知这样持续了多长时间，突然，从舷窗里射进灿烂的阳光。皮卡德知道自己已经回到了海面，他获救了。可是海面上根本没有“宙斯”号的影子，他不知道自己到底到了什么地方。

推进器已不起作用，因为电已经用完，无线电也发不出去，天线早被大王乌贼折断了。皮卡德第二次采取了听天由命的态度。在这水天相接的世界中，他任凭风浪随意摆布。“FNRS-2”号是不带食物的，只有一小桶淡水。他在难挨的饥饿中度过了几个小时，然后坐起来写他的笔记：“恐惧和绝望是生命的蛀虫，生命的伟大之处就在于任何时候都该有战胜险恶的决心。”

黑夜来临了，他为了延长生存时间，尽量减少活动，就坐在驾驶座上打瞌睡。他居然睡着了，醒来的时候他看到了从舷窗射进的满眼霞光，听到了外面起网的呐喊……他漂到了摩洛哥的丹吉尔附近，被正在这里捕鱼的渔民发现了。

后来，一直在直布罗陀北岸寻找“FNRS-2”号的“宙斯”号来接他了，船长问他：“你还愿再一次下海吗？”皮卡德答：“当然，除非这次我已经死去。”

·沉船寻宝·

1952年6月的一天，大名鼎鼎的法国探险家库迪无意中听到一位下海捕虾的渔民说，在土伦海域下面的泥沙里，露着一根长满海洋附着生物的桅杆。这个消息立刻让库迪意识到，那儿极有可能是一条古代沉船，他决定下海去看看。

几天后，库迪带着几名水手驾着一艘白色的帆船来到那片海域。船刚停妥，几个水手穿上潜水服，就迫不及待下了水，按照渔民提供的方向搜索起来。可他们找来找去，就是找不到那埋有桅杆的沙堆，没办法，他们只得两手空空回到船上。

库迪见他们的表情一个比一个失望，就知道结果并不乐观，于是他换上潜水服，亲自下到水里。半个小时过去了，库迪同刚才的水手一样，什么也没发现，不过，他并没有急着回去，而是扩大了搜寻范围。

也不知过了多久，库迪忽然在礁石丛旁发现一小截尖尖的东西。难道这就是那条沉船的桅杆？库迪心里顿时紧张起来，飞快地游了过去，果然，那正是一根桅杆。他小心翼翼地扒开桅杆下的沙子，一个完好无缺的双耳酒罐露了出来，看样子，的确有不少年头了。

回到船上，库迪找来考古学家对那个双耳酒罐进行鉴定，最后被确认为公元前3世纪的物品，是属于古希腊最珍贵的文物。库迪听了，惊喜若狂，他认为只要扒开桅杆下的沙子，肯定还有更多的宝贝。

大规模的打捞工作开始了，许多潜水员随着库迪来到沉船的地方，不分昼夜地挖起沙石。果然不出他所料，里面埋藏着很多文物。时间一天天过去了，见挖出来的古罐越来越多，如何运上海面成了库迪最头痛的事。因为按老方法用绳子吊上去，速度实在太慢。最后他绞尽脑汁，决定拿渔网来网。可用渔网网了几下，碰坏的古罐比好的还多。没办法，库迪又只好沿用老方法，继续用绳子慢慢吊。

一天，库迪在水下找到一只封存得很好的双耳古罐，盖子紧紧地塞在罐颈内，拎在手里沉得不得了，显然里面装有东西。库迪好奇极了，轻手轻脚把它抱出了水面。船上的人见状，赶紧让出一块空地，有人开玩笑地说："库迪先生，你可要小心呀，里面搞不好是一个千年魔鬼！"

库迪哈哈大笑，说："能看看千年魔鬼也挺不错！"说完，慢慢弯下腰，打开了古罐的盖子。一时间甲板上鸦雀无声，所有人都睁大眼睛，死死盯着古罐。

这时，一阵微风吹过，一股冲鼻的香味在甲板上弥漫开来，不知谁失声叫起来："酒！里面是酒！"不错，那里面正是在海底泥沙中保存了2200多年的古酒！

库迪拿出酒杯，满满倒上，然后他迎着阳光仔细端详了一会儿，只见那酒呈粉红色，在阳光的照耀下泛着诱人的光彩。忽然，他回过身，说："哪个敢干了它？"还没有人回答，他就猛地一抬手，把酒倒进了嘴里。

没有人想到库迪竟敢如此，所有人不禁屏住呼吸，紧张地看着库迪的脸。其实库迪心里也很紧张，脸板得非常僵硬，过了很久，他才说了一句："根本没有酒味，就像冲淡了的花露水一样。"话音未落，甲板上已爆发出了阵阵欢呼声。

后来，这罐酒存放在法国巴黎的博物馆，而库迪正是世界上惟一喝此酒的人。

这次的打捞工作前后进行了7年，库迪一共捞上了双耳古罐8000多只，餐具10000多件。从那以后，世界性的沉船探险热开始了。

·海中人计划·

美国人爱德温·林克原本是一位飞行员，一个偶然的机会，他看了一篇关于“饱和潜水”的论文，上面讲只要水的深度不变，潜水员在那里呆上足够的时间，就会使溶解在人肌体中的气体达到饱和。而一旦达到饱和，人可以随便在水中住多长时间，出水后的减压时间也不会增加。如果是这样，人们不是可以长时期地生活在海洋中吗？根据这个理论，林克开始了他的“海中人计划”，加入了海底探险的行列。

1962年8月27日，林克在地中海沿岸维尔弗朗什近海做了第一次实验。他乘电梯下降到18米深的水下居住室，在里面呆了8个小时，然后又回到水面，经过9个小时的减压后，一切都很正常。

实验的结果让林克兴奋极了，看来“海中人计划”的确可行。于是他找来一个叫罗伯特的潜水员，请他同自己一同去到60米深处的水下做长期的生活实验。几天后，两人便开始行动了。他们在水下共呆了20个小时，然后一起返回到水面，进了减压室。

这次的60米水下生活实验又获得了成功，林克更是信心大增。一年后，他带着罗伯特来到巴哈马群岛，向130米的深度发起了挑战。

这天下午1点30分，林克和罗伯特穿上潜水服，走进了电梯，缓缓向水中沉去。电梯在离水下居住室5米的地方停了下来，一切都非常正常，他们连潜水面罩都没戴就游了过去。当他们兴冲冲来到居住室时，让他们意想不到的情景出现了：房间里漆黑一片，伸手不见五指，暖气阀门也失灵了，寒意阵阵而来。两人忙打开手提电灯，准备去修理电源开关和暖气阀门，不料，他们还没走到开关那里，就听

“嘭”的一声，手提电灯被高压压炸了，居住室又陷入一片黑暗之中。

就在这时，林克突然闻到一股难闻的气味，这气味让他的心跳不断地加快，他暗暗叫苦，知道这一定是空气净化器出了毛病。随着两人的呼吸，居住室里的二氧化碳越积越多，再在这儿呆下去，将会有生命危险，没办法，林克只得拿上坏了的空气净化器，小心翼翼地和罗伯特一起慢慢摸回了电梯，向水面上的母船发出求救信号。

没多大工夫，从海面降下了一根绳子，林克急忙把净化器紧紧绑住，让绳子吊了上去。5个小时后，修好的净化器又被吊了下来。林克和罗伯特又回到居住室里，摸索着安装起净化器来。林克心里清楚，他们只有14分钟的安装时间，要是超过这个时间，人就会窒息而死。经过一番紧张的争分夺秒，在第11分钟的时候，空气净化器终于安装完毕，开始正常工作了，林克和罗伯特高悬的心这才放下。

后来，电灯也修好了，可暖气阀门的毛病却怎么也找不到。不得已，他们干脆穿上3件毛衣睡觉。但是寒气袭来，把他们冻得直哆嗦，再也睡不下去了。为了彻底解决这个问题，两人又开始摆弄起暖气阀门。功夫不负有心人，几个小时后，暖气阀门竟奇迹般地修好了。

林克和罗伯特共在海底住了4天后，成功地返回地面。从此，更多的深海居住实验，在许多国家开展起来。

·深海探险·

1962年12月3日，这是一个雨后的清晨，一次创造深海潜水记录的探险活动在美国加利福尼亚海边举行。准备下水的蛙人是瑞士人汉内思·凯勒和美国人彼得尔·斯莫尔，目标是300米的海底。

在万人的瞩目下，货轮将两人乘坐的潜水钟缓缓沉入了海里，随行的几个蛙人也随同潜水钟沉到60米的深处。为了安全起见，他们再次对潜水钟做了检查，等一切都正常后，返回上升到水面。

潜水钟越潜越深，眨眼已快到海底了。在潜水钟里，凯勒在仔细地检查着仪表，斯莫尔却一声不吭地坐着，似乎在想什么心事。斯莫尔过去曾是一名记者，不久前在一次实验中得过潜水病，刚刚才治愈，就参加了这次准备创记录的探险，这对他来说的确是有些铤而走险。

300米的海底到了，潜水钟里的气压为31个大气压，与钟外海水的压力相等。一切准备就绪后，凯勒便打开了底部的舱盖，游了出去。

海底的世界真美丽，五彩的珊瑚、成群的鱼儿，这一切看得凯勒目不暇接、心旷神怡。几秒钟后，凯勒的脚便触到了海底，他走了几步，用力将随身携带的瑞士国旗和美国国旗插在海底淤泥中，然后慢慢地潜回了潜水钟里。

成功了！凯勒一进潜水钟就和斯莫尔紧紧拥抱在一起，这可是人类第一次以自由蛙人的方式来到300米深的海底。

潜水钟开始慢慢上升了。忽然，凯勒发现舱内的气压在下降，而且下降得很快。凯勒的心一下悬了起来，他知道如果气压再这样下降，自己和斯莫尔就将面临死亡，若要防止这种情况的发生，惟一的办法就是放进补充的空气，但那样又会有氮麻醉的危险。这可该怎么办呢？

正当凯勒左右为难的时候，舱内的气压仍在迅速下降。看来是别无选择了，凯勒只得咬咬牙，决定去冒这个险，伸手拧动了潜水钟里的空气阀门。

不幸还是降临了，就在凯勒打开空气阀门不久，他和斯莫尔便感到头昏目眩，渐渐失去了知觉。

这时，母船上的人从荧光屏里看到了两人昏倒的情景，忙组织力量去抢救。但此时潜水钟还在100米以下的水底，而船上的潜水蛙人最多只能潜到70米。看着缓缓上升的潜水钟，母船上所有的人都在默默为舱里的两个人祷告着，再坚持一会儿，再坚持一会儿……

潜水钟终于到达了70米深处，两个等待已久的蛙人立即从船上跳了下去。但海水如墨，他们根本无法检查潜水钟，母船只得再派两个蛙人下水。

4个救援蛙人用手摸索着潜水钟的各个接缝，在摸到舱底盖时，突然发现那里夹着一只脚蹼，气体就是从这个缝隙中漏出去的。救援蛙人赶忙用小刀把脚蹼割掉，关严了舱盖。

潜水钟升到了船上，在一番紧急抢救下，凯勒终于苏醒过来，而斯莫尔却永远闭上了双眼。虽然凯勒成了世界上第一个探险到300米海底的蛙人，但他怎么也高兴不起来，因为他失去了自己最好的搭档。

·潜海皇后厄尔·

西尔维亚·厄尔是一位对海洋生物学颇有造诣的女博士，同时她还是一位充满自信的女蛙人。应该说她是一位出色的海底探险家。

1979年9月，在美国夏威夷海面上，一只名叫“星2”号的深潜器来到离胡岛11公里的海域。“星2”号由母船下放抵达18米的深度，然后慢慢下潜。在它的下面，悬挂着女蛙人厄尔。

前期阶段，“星2”号下潜得十分顺利，在到达深度225.7米的时候，忽然电缆通讯出了点小故障，不过它只稍稍停顿了一下，又恢复了正常，接着又继续降到305米。这时，水面上透下来的光线变淡了，原先那种晶莹的蓝色成了蓝灰色，后来又变成蓝黑色，最后，厄尔彻底被一片黑暗包围了，不过她的眼睛还能看到东西。透过面罩，她看见前方有许多细小的发光体在游动和旋转，就像无数有生命的星星在向她招手。

随着“星2”号继续下沉，厄尔突然看见自己身下有一大片黑乎乎的东西，她知道那就是海底。眼看海底越来越近，厄尔有点紧张起来，她怕操纵“星2”号的人不知道情况，会把自己压扁在海底，于是她立刻把目前状况的信息传递给“星2”号。

在接到厄尔传来的信息后，“星2”号里的人员十分镇静地告诉她，让她再坚持一下，因为这次探险主要是为了寻找更深的海域，以便创造一个不管是女子还是男子深潜的新记录。最后，“星2”号停留在381.25米的深处。

这时，“星2”号告诉厄尔，现在她可以到海底自由漫步了。厄尔的心紧张得快要跳到嗓子眼儿了。她明白，自己一旦解开和“星2”

号联系的绳子，就可能再也回不来了，而且不管自己遇到什么危险，“星2”号里的人是无法出来救助的。停留了一会儿，厄尔深深吸了口气，毅然解开安全带，抬腿踏上了海底。

在海底行走的感觉让厄尔惊异极了。她感到自己的脚好像是踩在月球的表面上，但两者有一个明显的区别，那就是月球上毫无生机，而海底却到处都有丰富的生物。

走了一会儿，一条鲨鱼从厄尔的身边游过。面对这个双眼闪着绿光的大家伙，厄尔一点也不害怕，她知道自己不去惊动它，它就不会过来袭击。鲨鱼游开后，又一条体侧发光的灯笼鱼也从厄尔的身边滑过，它的模样就像一架小型客机，在“星2”号的灯光里时隐时现。

半个小时后，厄尔已经完全适应了海底漫步，她的兴致也越来越高，不时为自己的新发现兴奋不已。正当她用手去捉一只伏在海贝上的小蟹时，“星2”号里的人忽然向她发出了通告，让她返回“星2”号，因为她已在海底呆了两个半小时了。厄尔听后，大吃一惊，以为“星2”号里的人在跟自己开玩笑，在她的感觉中，时间似乎只过了20分钟。

没办法，厄尔只得依依不舍地回到“星2”号的下面。半个小时后，她从300多米深的海底回到了海面。

打这以后，厄尔就获得了“潜海皇后”的称号。但她心里并没有多少自豪，甚至还有点遗憾，因为她只创造了女蛙人潜水的最深记录，却没能打破男子的记录，为此，她更热衷于海底遨游了，为去更深的海底探险不懈地努力着。

·初探澳洲西海岸·

16世纪到17世纪，为了开拓贸易市场，无数荷兰航海探险家不辞辛苦地寻找着澳大利亚这块神秘土地。“安特拉哈特”号船长笛尔克·哈尔多格就是其中的一位。

1616年，“安特拉哈特”号绕过好望角后，哈尔多格就命令转向正东方航行，船在海水强劲季风的推动下，驶得飞快。

10月25日黎明，早起的哈尔多格站在甲板上，心情沉重地凝视着前方。出来这么久了，还没看到陆地的影子，他能不急吗？突然，他的眼前一亮，只见在船的东南方的海面上，屹立着一座红墙金瓦、气势宏伟的城楼，楼上好像还有人在走动。

哈尔多格激动得心里怦怦直跳，不由自主地叫了起来：“城市！那里有座城市！”

船上的人被哈尔多格的喊声惊醒，急忙边穿衣服边跑上甲板，一个个睡眼朦胧地问：“在哪里？在哪里？”

哈尔多格手一指，声音都有点发颤：“喏，就、就在那儿。”众人顺着他手指的方向望去，果然看到了城楼似的建筑，全都惊喜地狂呼起来：“南方新大陆！我们找到南方新大陆了！”有几个小伙子还激动地拿出锅和盆，使劲敲打起来，庆祝他们即将取得的胜利。

在众人的欢呼中，“安特拉哈特”号向那城楼直驶过去，谁知没驶多远，那些建筑物的影子竟越来越淡，到最后，竟在他们的视野里突然消失了。这个情况，让所有人都惊呆了，沉默了老半天，那几个狂欢的小伙子忍不住吼道：“这是怎么回事？难道我们遇到了魔鬼？”

这时，一个满脸皱纹、头发花白的老水手镇静地说：“刚才我们看见的是海市蜃楼。5年前，我在西印度群岛也见到过，它不过是一种虚幻的影像。”

听到这，所有人都失望地叹了口气，都一声不吭了。哈尔多格哈哈一笑，大声地说：“伙计们，别哭丧着脸，我与海水一起生活了这么多年，还是头一次碰到这种事，这没准是上帝给我们指点迷津呢！”

大家沮丧的心情很快就过去了，又回到各自的岗位上。“安特拉哈特”号继续航行。这天傍晚，就在大家吃晚餐的时候，奉命观察前方的水手急匆匆跑了进来，大声地说：“船长，前面有一片黑糊糊的东西，看样子，好像是陆地！”

哈尔多格下令航船全速向黑影方向前进，没多久，那黑影的轮廓就越来越大，越来越清晰，又过了一个小时，一个岛屿呈现在大家眼前。水手们又来劲了，纷纷摩拳擦掌，想急着上岸看看，哈尔多格却严肃地说：“天太晚了，明天再登岸。”

好不容易盼到天亮，大家随着哈尔多格带上火枪踏上了岛屿，艰难地在灌木丛里穿行，走了好长一段路，不时看见袋鼠、鸭嘴兽等野生动物从身边蹿过，就是没有发现人的踪迹。难道这是一个荒岛？有些人又沉不住气了，开始小声嘀咕起来。哈尔多格一声不吭，只顾埋头朝前走。

又翻过一个山头，一个水手突然小声说：“船长，快看，前面有好多土著！”果然，在前面不远处，一大群土著正围着一堆篝火坐着。哈尔多格心里狂跳起来，预感这就是他要找寻的新大陆，他慢慢从灌木丛里走出来，满脸笑容地向土著喊道：“嘿，你们好！”

土著一惊，马上举起长矛，怪叫着向哈尔多格一行冲过来。哈尔多格急忙说：“朋友们，我们远道而来，不想伤害你们！”土著根本听不懂他说的话，继续朝前冲，眼看一场恶斗就要发生了。哈尔多格急中生智，学着土著的腔调和姿势面向东方跪了下来。土著见此情景，不禁停下了脚步，相互望望，气氛这才缓和下来。

这里正是澳大利亚的西海岸，哈尔多格就成了世界上第一个发现这里的欧洲探险家，但真正的澳大利亚大陆却是在十几年后被人发现的。

·海上风暴·

1629年的一个夜晚，在东印度群岛佩思附近的洋面上，风雨交加，雷鸣电闪，一场罕见的强风暴突然从天而降，一艘名叫“巴达维亚”号的航船在巨浪中颠簸着。这艘船上载着荷兰探险家法兰索瓦·贝尔沙特，他此次航行的目的是为了寻找南方大陆——澳大利亚。

巨浪一个接一个，“巴达维亚”号险象环生。此时，贝尔沙特深知自己的责任重大，全船290多人的生命都维系在自己的身上。他立即下令：“快，快把主帆降下来！”然而，由于风浪太大，船员根本无法走上甲板，更别说去把主帆降下来。见此情景，贝尔沙特又喊道：“爬过去！爬过去！”

船员们急忙趴在地上，小心翼翼地向主帆爬去。他们知道，只要稍不留意，就会被深不可测、汹涌咆哮的大海吞没，但要是不把那高悬的风帆放下，“巴达维亚”号随时都有倾覆的危险。终于，船员万分艰难地爬到了主桅杆下，在与风暴进行了几十分钟的搏斗后，成功降下了主帆。贝尔沙特这才松了一口气，提到嗓子眼儿的心也落了下来。 随着风越刮越猛，雨越下越大，“巴达维亚”号一会儿被巨浪托到峰顶，一会儿又被重重摔进谷底。人已经无法再操纵船了，所有人都躲进船舱，默默地祈求上帝保佑。这么大的风暴，就是贝尔沙特在几十年的探险生涯中也是第一次遇见。他一声不吭，独自坐在角落里，心想：看来这次“巴达维亚”号真是凶多吉少了。

突然，只听“轰”的一声巨响，接着整个船体猛烈晃动起来。糟了，一定是什么地方撞坏了，贝尔沙特急忙连滚带爬往下舱跑去。果然，船的下体被撞开了一个不小的窟窿，海水正像喷泉一样往里面涌，转眼就淹到了贝尔沙特的小腿肚子，他赶紧脱下身上的衣服，往窟窿里塞去，可是窟窿太大，根本就堵不住。

水越涌越多，想堵住已不大可能了，于是贝尔沙特把全体船员召集起来，说道："'巴达维亚'号随时都有沉没的可能，要想摆脱目前的困境，惟一的办法就是减轻船的重量，现在我们就去把左右舷的大炮统统扔到海里去。"

随着号子声的起落，船上的大炮被一点一点向前移动着，最后只听到一声声"轰隆隆"的巨响，一门门大炮被推进海中，虽然船体暂时停止了下沉，但危险随时还会出现。这时，天已蒙蒙亮了，一个船员突然喊道："岛！前面有个岛！"

这个岛离船约有15公里，贝尔沙特心想：不能再在船上呆了，得赶紧把船上的人撤到岛上去。想到这儿，他对船员们说："把船上的小艇放下来，撤到那个岛上去。"众人手忙脚乱地放下小艇，向岛驶去，没走多远，就见一个巨浪把"巴达维亚"号掀翻了，紧接着它就沉入了大海。

来到岛上，所有人都像散了骨头架一样躺在沙滩上，他们回想着这几天所发生的一切，仿佛是做了一场噩梦。等休息够了，贝尔沙特在岛周围转了一圈，发现这个岛大得出奇，根本就找不到尽头，不过它十分荒凉，到处都是岩石构成的陡峭悬崖。一个船员对贝尔沙特说："这里不会是我们要找的那块南方大陆吧？"

贝尔沙特心里一动，对呀，这里是不是我要找的新大陆呢？可它怎么这么荒凉呢？为了证实这里到底是什么地方，他又带着船员乘上小艇，沿着海岸向北驶去。很多天后，他们终于到了这个岛屿的东部，这里同西部大不一样，阳光充足，树林茂密，一派生机勃勃的景象。到这时，贝尔沙特的脸上才绽出笑容，深信这个岛就是自己一直在找寻的澳大利亚。

至此，贝尔沙特的这次航海探险胜利结束了，一场大风暴让他成了最早登上澳大利亚大陆的探险家。

·岛上有巨人·

1642年，荷兰总督为了找到一条从南方到达智利的捷径，以便扩大新的贸易市场，就命令航海家艾尔贝·塔斯曼率领船队，去寻找澳大利亚南方的新大陆。

船队浩浩荡荡顺风而行，3个月后来到了澳大利亚南面。这天凌晨，天刚蒙蒙亮，一个水手忽然气喘吁吁跑进船长室，对塔斯曼说："报告，前面出现了一片陆地。"

塔斯曼一下从床上蹦了起来，连衣服都没来得及穿，就跑上甲板。果然，一片充满原始气息的大陆海岸在前方屹立着，只见岸边是陡峭的悬崖，崖上有许多绿色的植物，它们在水汽的滋润下，显得郁郁葱葱。看了一会儿，塔斯曼没有急着下令船队靠岸，而是带上几个船员，乘上小艇向海岸驶去，因为他对这个陌生的地方心里实在没有把握，不知道上面到底有没有危险。

上了岸，塔斯曼和船员们都非常小心，在这个从未来过的地方，谁也不敢轻举妄动，于是他们边走边相互照应着，生怕一不小心会有什么意外。突然，一个船员发出一声惨叫，把所有人都吓了一大跳，只见他双手捂着脸，殷红的鲜血从他的指缝里流出来。

塔斯曼急忙走过去，一把抱住那个受伤的船员，连声追问："怎么啦？怎么啦？"说着，他还不时左右看看，然而周围静悄悄的，根本就不像有危险存在的样子。

那个船员痛苦地说："我的脸！我的脸被这里的草割破了！真见鬼，这里的草比匕首还锋利。"

塔斯曼低头在周围仔细看了看，发现地上有一种巨大的宽叶草，叶子足足比一个巴掌还要大，它两边长满了密密的细齿，又尖又长。这时，那个受伤的船员已被众人扶了起来，大家七手八脚帮他止住了血。有人问塔斯曼："船长，我们还往前走不走了？"

塔斯曼扫视了一圈大家，反问道："怕了吗？谁怕就先回去，这鬼地方不对劲的东西看来不少，你们可要想好。"众人互相望望，都坚定了信心，又跟在塔斯曼的后面，继续上路了。

也不知走了多远，一个船员大叫起来："这是什么？大家快来看呀！"只见在一棵高大的树干上，有着许多同脚印一样形状的槽口，像是被什么东西砍出来的。所有人都纳闷极了，谁也搞不清楚这是干什么用的，他们端详了很久，才有个人猜测说："这会不会是用来爬树的坎？"

大家想了想，觉得挺有道理，马上就有人抱着树干，试图踏着那坎往上爬，但他只踏了第一个槽坎，另一只脚怎么也够不到第二个槽坎，因为两个槽坎之间的距离太大，正常人想顺着它向上爬，根本就不可能。

塔斯曼歪着脑袋百思不得其解：这里的土著是怎么爬上去的呢？正想着，一个船员猛地一拍脑门，若有所悟地叫起来："这肯定是给巨人爬的，难道这就是传说中的巨人岛？"

众人如梦初醒，一个个大惊失色，就在这时，从不远的树丛里传来人说话的声音，谁也听不懂说的是什么。船员们顿时吓得魂飞魄散，赶紧撒腿就跑，不管塔斯曼怎么制止，他们头也不回，边跑还边喊："巨人！巨人来啦！"看着船员们转眼没了踪影，塔斯曼也紧张起来，再也不敢在那里久留，急忙顺着来时的路回到船上。

当天晚上，塔斯曼失眠了，难道世界上真有巨人？他决心把这个事搞个水落石出。为了安全起见，他没有再派人上岛，而是在船上等了两天两夜，希望能看到巨人走到海边来。但结果别说看到巨人，就是连个人影也没看见。最后，塔斯曼只得下令起锚，继续向前航行。

回国后，塔斯曼把那个岛命名为"范迪门兰"，它就是现在澳大利亚的塔斯马尼亚州。

·荒岛斗蟒蛇·

1688年，英国探险家、博物学家威廉·丹皮尔乘“西格内特”号去澳大利亚探险时，在东印度群岛附近的海域上，突然遭到了台风的袭击。

迷失航向的船只随着海浪一直漂到澳大利亚的西海岸。在那里，丹皮尔找到一个海湾。为了躲避台风，他下令船只在这个海湾下锚：“伙计们，我们就把船停在这里，你们瞧，这里的海滩多宽阔，上面又有那么多的植物，真是一个好地方。我看就叫它‘西格内特’海湾吧！”

船员们顿时欢呼雀跃，连日的海上生活已让他们感到相当厌倦了。上岸后，丹皮尔带着几名助手来到一个地形较高的地方，让他们把英国国旗插好，自己则去看看附近有没有水源。

走了一会儿，丹皮尔来到一片灌木丛里，突然脚下被什么东西绊了一下，还没等反应过来，就觉得自己的腿被缠住了。他低头一看，不禁吓出了一身冷汗，只见一条碗口粗的大蟒蛇正缠在他的腿上。他情知不好，急忙去抓蛇头，哪知那蛇身子迅速蠕动着，竟将他越缠越紧。

丹皮尔感到骨头就像断了一样，疼得他差点昏过去，不由自主伸手去扳蛇的身子，可手还没碰到，蟒蛇已猛地把头转了过去，对着他把信子吐得老长。在这危急关头，丹皮尔反而镇静了下来，他知道，如果此时自己慌了手脚，后果肯定不堪设想。于是，他深深吸了一口气，迅速从腰上拔出一把锋利无比的水果刀，瞅准机会，一下子扎进了蟒蛇的头部。

一股带着腥味的鲜血随着刀光喷到丹皮尔的脸上，丹皮尔想都没想，扬手又是一刀。蟒蛇痛得剧烈地扭动起来，把丹皮尔一下带倒在地，就在倒下的一刹那，丹皮尔用尽全力，用刀朝蟒蛇的腹部狠狠划去，顿时，蟒蛇的腹部开了一个大口子，红红黑黑的内脏全都流了出来。这下，身受重伤的蟒蛇再也无力挣扎了，丹皮尔趁机把腿抽出来，这才逃脱了险境。

此时，丹皮尔再也没有心思去找淡水了，一心只想早点回到营地。当船员们看到满身是血的丹皮尔摇摇晃晃地走回来，急忙围上去，七嘴八舌询问发生了什么事。丹皮尔抓起水壶，猛灌几口后，才慢慢把刚才的遭遇说出来。大家听了，都暗自为他感到庆幸，也对他的机智勇敢称赞不已。

丹皮尔和船员们在这个岛上一共逗留了9个星期，认识了许多当地的土著。但由于语言不通，他们只能靠手语和表情与土著交流，不过这还是让丹皮尔大有收获，对澳大利亚的了解更深了。

1691年，丹皮尔乘坐“西格内特”号从西格内特海湾起航，穿过太平洋回到英国。后来，他出版了航海记《世界一周新航行》，他在书里写道：那是一片广阔的陆地，究竟是个岛屿还是一块大陆，这个问题无法定论，但有一点可以肯定，那就是它并不和亚洲、非洲或美洲连接在一起。

·巴斯和巴斯海峡·

1795年，24岁的英国青年乔治·巴斯和自己的一个好朋友，乘一艘不足2米长的小艇，从悉尼湾南下，开始对澳大利亚内陆的未知地区进行探险。

天气十分闷热，简直令人透不过气。巴斯浑身上下就像被水泼过似的，但他却不敢把衣服脱了，因为这不仅有被太阳光灼伤的可能，更主要的是这里还有数不清、避不掉的成群的蚊子。要知道，澳大利亚的蚊子异常凶猛，谁见了都会害怕。

小艇在乔治河里缓缓行驶着，巴斯一边划着桨，一边对同伴说："嘿，伙计！你说我们能找到新的平原吗？"

同伴点点头，回答中充满了自信："会的。你看，这岸的两边都是丘陵地带，而且这里的气候和雨水也很适合植物的生长，由此可见，只要沿着这条河一直往下走，肯定能看到生机勃勃的大草原。"

这一番话让巴斯信心倍增，小艇划得也更带劲了，没多大一会儿，两人进入了一段浅滩地带。这里的河水不像刚才那么舒缓，河里到处都是突起的礁石，由于礁石的阻隔，水流变得非常湍急，于是在小艇的周围形成了许多旋涡，这让巴斯和同伴不得不打起十万分精神，小心翼翼地注视着前方。

突然，巴斯大喊一声："小心船边！"同伴低头望去，只见一块大礁石横在船的边上，眼看就快撞上去了，吓得他急忙用桨死死撑住那块礁石，谁知就在这一刹那，小艇失去了重心，"呼"的一下翘了起来。坐在后面的巴斯见势不妙，立即向翘起的一侧扑去，想保持住船的平衡，不料他这么一压，同伴没有提防，一下子被弹出船外，

“扑通”一声，掉进了水里。

巴斯赶紧伸出船桨，连声呼喊着：“快！快抓住我的桨！”

同伴眼疾手快，一把抓住船桨。就这样，他们两人都紧紧握着船桨，谁也不敢松手。可小艇没人控制了，随着激流没有目标地漂荡着。见此情景，水里的同伴喊了起来：“巴斯，这样不行！你得先把船给稳住。”

小艇在激流中越冲越快，就像一匹脱缰的野马。巴斯不禁大呼：“不行，我根本就没法稳住它！”几分钟后，同伴再也坚持不住了，激流已把他打得晕头转向，手开始一点一点从桨上滑开。

巴斯心急如焚，忙鼓励同伴道：“再坚持一会儿，到前面拐弯的地方，水流就没这么急了。”话音没落，船桨已从同伴的手里彻底滑落，人没入了水中。巴斯哭喊着同伴的名字，但他的呼喊声全淹没在激流的咆哮中。

小艇继续向前冲去，眨眼来到一个巨大的峭壁前，跟着就要撞上去了。巴斯一个箭步跨到船头，用力将船桨顶住岩壁，只听“咚”的一声，船桨的把手重重撞在他的胸口，痛得巴斯大叫一声。就在这时，小艇已横了过来，船尾甩到了峭壁上，小艇这才停了下来。

惊魂未定的巴斯躺在船上大口喘着气，过了老半天才慢慢爬起来。忽然，从上游漂下来一个物体，巴斯定睛一看，乐得差点没跳起来，原来那正是落入水里的同伴。

巴斯费了九牛二虎之力才把同伴拽上了小艇，经过一番抢救，同伴终于睁开了眼睛。两人含泪对望了一会儿，紧紧拥抱在一起。

由于小艇损伤严重，两人不得不返航，重新回到了悉尼。虽然这次行动失败了，但巴斯对探险依然充满兴趣，没多久，他又出发了，终于在塔斯马尼亚和新南威尔士之间找到了一个海峡。后来，人们把这个海峡命名为“巴斯海峡”。

·意外的发现·

1796年年初，年轻的英国探险家马修·弗林德斯驾着他的“汤姆萨姆”号小帆船，驶进澳大利亚的植物湾。他此行的目的是想在植物湾南岸几公里的地带寻找一条注入海洋的大河。谁知“汤姆萨姆”号刚在海上行驶了几天，便遇上了一场突如其来的大风暴。眼看情况非常危急，弗林德斯临时决定，在附近一个不知名的地方登陆。

上岸后，弗林德斯带着助手走进了一片浓密的丛林里。突然，一群亚波利吉尼人气势汹汹将他们包围了起来。尽管弗林德斯带着枪，但他不愿和亚波利吉尼人结仇。不过老是这样僵持着也不是办法，于是他灵机一动，从口袋里摸出一把剃须刀，在亚波利吉尼人眼前晃了晃，然后向自己脸上刮去。

亚波利吉尼人不知这个人要干什么，一个个把眼睛睁得老大，好奇地看着他。只见他脸上的胡子往下直掉，不大一会儿，他脸上已干干净净了。

看着亚波利吉尼人一副疑惑不解的样子，弗林德斯不禁暗暗好笑，急忙连说带比划，意思是想替他们刮胡子。见这些人没有拒绝，他便先帮其中一个年纪较大的人刮，接着又替剩下的人刮。亚波利吉尼人互相看看光溜溜的下巴，都哈哈大笑，为弗林德斯一行让开了一条路。

当天晚上，弗林德斯来到了亚波利吉尼人的居住地，打算在这里休息。忽然，一个助手对弗林德斯说：“你瞧，那个亚波利吉尼人在干什么？”弗林德斯扭头看去，只见一个亚波利吉尼人正用一根木棍穿过一只褪了毛的飞禽，在火堆上烤。看到这儿，他不以为然地说：

“这有什么大惊小怪的。”

助手忙把手一指，说：“不是，你看他火堆里的东西是什么？”经助手提醒，弗林德斯这才注意到，火堆里除了有几根树枝在燃烧外，还有几个烧得通红的石块，这让他心里不禁一动：难道那是煤！如果是的话，这里肯定有煤矿。想到这儿，弗林德斯有些激动起来，为了弄清火堆里燃烧的石头到底是什么，他拿了根树枝，走上前从火堆里拨出了一块烧红的石头来。

弗林德斯用木棍把那块石头翻过来、倒过去看了老半天，越看越觉得像煤，于是他问旁边的亚波利吉尼人：“这是什么？”

那个亚波利吉尼人指指画画地回答说：“石头，这是我们烧饭用的石头，这里到处都是。”说着，他朝周围随便指了指。

顺着亚波利吉尼人指的地方，弗林德斯果然找到了一大片几乎裸露在地面的煤层，他兴奋地趴在地上，仔仔细细欣赏着黑黝黝、亮闪闪的煤块，简直不敢相信自己的眼睛。

弗林德斯再也顾不上寻找什么大河了，几天后，他匆匆回到悉尼，组织许多人前来挖掘煤矿。弗林德斯天天兴奋得都差点从梦中笑醒，想不到自己这次是为寻找大河，竟能意外发现煤炭的矿脉。

·探险船上的“杂技表演”·

英国有位探险家，名叫弗林德斯。1800年，他从澳大利亚内陆探险归来，向海军部递交了一份报告，请求能再次委派他远航澳大利亚大陆，对这一地区作更为广泛的调查和测量。这个请求很快就被海军部批准了，命他率“调查者”号，远航南方大陆。

经过一年的准备，弗林德斯乘着“调查者”号离开了英国，于当年年底抵达了澳大利亚大陆西南端。在那里，他听人说：从诺依兹群岛过去，有一个未知的海峡，通过它可以横穿澳大利亚大陆。弗林德斯听得怦然心动，立即命令“调查者”号加快速度，朝那片神秘的海域进军。

“调查者”号沿着海岸行进了300多公里后，弗林德斯发觉情形有些不对头，因为这里的水域越来越浅。为了避免发生意外，他决定亲自爬上瞭望哨观察一下前方。

当他顺着软梯快要爬到桅杆上端的瞭望哨台时，软梯的绳子突然断开了，他一脚踩空，整个人差点掉下来。就在那一瞬间，他双手死死抓住了软梯的横杠，只听到身下稀里哗啦一阵响声，大半截软梯全都砸在甲板上。

弗林德斯被吓出一身冷汗，他朝下望了望，发现自己悬吊在离甲板至少有十七八米高的地方，要不是手抓得牢，现在可能已经变成了一堆肉泥。平静了一会儿，他稍微调整了一下身体，开始考虑自己下一步该怎么办。

这时，船员们听到甲板上突然传来的巨大声响，急忙都从船舱里跑了出来，当他们看见船长悬吊在桅杆上端时，不禁吓得目瞪口呆，过了好一阵，才慢慢缓过神。只听一名水手大声喊道："船长，你再坚持一下，等我们张开帆布你再往下跳！"

话音没落，马上就有人提出了不同的看法："不行，不行！帆布又硬又重，不容易打开，就算打开了，也没有弹性，船长跳下来会摔伤的。"大家一听，都觉得非常有道理，一时间又束手无策起来。

弗林德斯没有理会下面的争执，他依靠着自己强健的体魄和超人的臂力，在身体没有任何支撑的情况下，一点一点爬到了软梯的顶端，接着以软梯的横杠为轴心，一个漂亮的倒翻，翻到了瞭望哨台上。

这精彩的一幕，看得站在底下的船员们情不自禁欢呼了起来，弗林德斯向他们招招手，大声地喊道："好了，你们快落下船帆，把下面的软梯和绳子拉上来！"

软梯和绳子很快被系在船帆上送到了弗林德斯的手中，他熟练地解下绳头，一头牢牢绑在桅杆上，另一头系在自己的腰上，当做安全带。接下来，弗林德斯拿着那截软梯，顺着原先剩下的一小截软梯往下走，在离断裂处还有1米多的时候，他小心翼翼把脚套在剩下那截软梯的绳子上，然后"哗啦"一下翻转过身体，将自己倒悬在软梯上，他的头部正好垂在了软梯断裂的地方。

下面的人紧张得连大气都不敢喘一下，为弗林德斯暗暗捏了一把冷汗。只见弗林德斯把两截软梯重新接好，打了一个死扣，随后用力拽拽。看看差不多了，他才深深吸了一口气，一个仰体翻身，又回到正常位置，从容不迫地松开套住脚腕的绳结，再次爬上瞭望哨台。眼前的一切，简直就像杂技表演"空中飞人"，顿时，甲板上响起一片掌声和欢呼声。

通过在瞭望哨台上的认真观察，弗林德斯发现这里的情形全然不似自己预先想象的那样，根本不可能会有一条穿越澳大利亚的海峡，因为前面的航道窄得没法行船。于是他当机立断，命令"调查者"号沿路返回，不过，在临返回前，他为这个海港起了个名字，叫"斯潘塞湾"。

“调查者”号又迎风起航了，弗林德斯相信，在不远的前方，将有无数人类还未涉足的地方，等着自己去发现。

如今，你翻开世界地图，在澳大利亚西南方会找到斯潘塞湾，再往上一点儿的地方，还有个弗林德斯岭呢。

·寻找大平原·

在新西兰的探险史上，有一个被后人称为“大冒险家”的人，他就是汤姆斯·布鲁纳。

新西兰分南北两岛。1846年，布鲁纳听人说，在南岛有个一望无际的大平原，于是他便发誓要找到这个地方。经过一番准备，布鲁纳在当年的12月，带着两个向导朝目标出发了。

一天傍晚，布鲁纳一行来到一片树林中，趁向导搭帐篷的空隙，布鲁纳独自一人跑到周围去察看地形。当他来到一条小溪旁，天开始暗下来，他正准备往回走，突然发现一条浑身黑斑纹的大蟒蛇盘在离他不远的草丛里，正用凶恶的目光盯着他。

布鲁纳吓得一哆嗦，想起当地人的忠告：“看见毒蛇千万别慌，只能慢慢地转过身轻轻地走开。”想到这儿，他渐渐冷静下来，屏住呼吸，一点一点转过身。

虽然布鲁纳心里害怕得要命，想拔腿就跑，但这一欲望很快被他抑制住了。他就像一个木偶，慢慢朝前移动着脚步，尽量不甩动胳膊。10步、20步、30步……布鲁纳的整个脊梁和脖子都麻木了，心简直就快从嗓子眼儿里跳出来。他仿佛看见那条凶猛的毒蛇正吐着芯子朝他袭来。布鲁纳几次都想回头看看，但他一想到当地人的话“千万不要回头看”时，还是忍住了。就这样，布鲁纳也不知走了多远，才撒腿狂奔起来。

布鲁纳汗流浃背地跑回营地，把刚才发生的事一说，向导们都为他感到庆幸。第二天一早，布鲁纳马上带着向导上路了，他们加快了速度，想尽快地逃出这片恐怖的树林。

第二年夏天，他们来到了克鲁萨河河口，从那里乘船到达尼丁角，这一路上，布鲁纳采集了大量动植物标本，并且把沿途所见的风土习俗都一一记录下来。

到了这年年底，布鲁纳还没找到他所向往的大平原，而就在这时，他突然病倒了，为了休养身体，他不得不躲进一个洞穴。

这天晚上，身体逐渐康复的布鲁纳兴致高涨，他拿出收集的标本，展示给向导看。向导看了一会儿，诚恳地对布鲁纳说："先生，标本在这个潮湿的地方是很容易霉烂的。"

布鲁纳一听，连连称是，忙问向导该怎么办。向导一指火堆，说："最好把它们烘干一些。"

按向导所说的，布鲁纳把标本和日记都装进一个布袋里，然后找一根小棍作楔子，把它钉在火堆上面的岩缝里，再把布袋挂上去。

夜深了，布鲁纳和向导进入了梦乡。半夜时分，洞里的温度骤然上升，布鲁纳被热醒了。他闻到空气里弥漫着一股焦糊味，忙抬头一看，火堆上的布袋不见了，原来它已被篝火烧成了灰。

望着篝火堆里的灰烬，一股悲伤悔恨之感从布鲁纳心底升起，他伤心地叫道："完了，全完了！我的心血全没了！"

从那以后，布鲁纳再也没心思继续探险了，他夜以继日地在山洞里整理笔记，等整理得差不多了，他便和向导踏上了回家的路，寻找大平原的计划就这样结束了。

布鲁纳的这次探险，共花费了550天时间，行程320公里，虽然他没能找到自己梦中的大平原，但这次探险，却为新西兰南岛的开发做出了重大的贡献。

·失败的英雄·

19世纪中期，许多淘金者来到新西兰南部地区开采金矿，虽然金子挖出来了，但却无法运到西海岸，人们为这事伤透了脑筋。于是他们请来当地一位名叫巴林顿的探险家，希望他能在南阿尔卑斯山找到一条可通往西海岸的捷径。

一场艰难的探险开始了，巴林顿带着两个同伴穿过一道道河流，翻过一座座高山，一直到冬天来临，也没发现有路通往西海岸，没办法，他只得踏上归途。

一天，3个人来到一个山麓地带的冰河区，当他们从覆盖冰雪的山坡上往下滑时，巴林顿突然听到背后传来一声大叫，他赶紧回头一看，发现一个同伴正以倒栽的姿势迅速向山下飞落，眨眼已滑得老远，所幸的是前面有一块狭窄平地让他停了下来。

巴林顿和另一同伴急忙滑向那块平地，那个同伴吓得呆呆地坐在地上，看见巴林顿来到身边，他差点没哭出声来，结结巴巴地说：“干粮没了，干粮全没了！”巴林顿心里“咯噔”一下，剩下的路还长得很，没了干粮可怎么办？但他为了不让同伴难过，只得装出一副若无其事的样子，连声安慰他。

没有了食物，巴林顿只得带着两个同伴抓老鼠吃。冬天老鼠找不到吃的，便在树底下挖个洞，钻进去啃树根。巴林顿他们就找一根长长的树枝往洞里捅，然后在洞口张开一只口袋，树洞里的老鼠受到惊吓，纷纷朝外跑，一下就钻进了口袋。

逮了一整天，抓了不少老鼠，巴林顿这才松了口气，能解决肚子问题，再长的路途也不怕了。于是他让同伴把老鼠洗干净，烤成肉干。只见队员拿出小刀，朝老鼠肚皮上轻轻一划，老鼠的五脏六腑顿时全都淌了出来，又三下五除二，把鼠皮剥了下来，就这样，他们转眼已经穿好了十几串鼠肉。

不一会儿工夫，一股浓郁的肉香味在林子里飘散开来，巴林顿大口大口吃起鼠肉来，他边吃边说："没想到这老鼠肉竟这么香，简直就是天下最好吃的东西！"两个同伴哈哈大笑，一时间，树林里笑声连连，他们好像忘记了前面还有遥远的行程。

离家越来越近了，巴林顿和同伴不由自主加快了脚步，走着走着，一条宽阔的冰河拦在他们的面前。为了少在冰面上摔跤，巴林顿向大家倡议："我说伙计们，咱们把背包背起来，手拉手走，这样就不容易摔倒了。"

巴林顿的倡议立刻得到同伴们的附和，大家就这么手拉手小心翼翼地走着。突然，走在中间的巴林顿一脚踩到了薄冰上，他只感到脚下一沉，还来不及呼救，已"扑通"一声掉了下去。这一切发生得这么突然，两边牵手的同伴还没反应过来，也被一起拽着掉进了寒冷刺骨的冰河中。

冰窟窿周围的冰面非常薄，没有地方可以用力。巴林顿几次试着撑着冰面爬上去，可只要他稍用一点力气，边缘的冰就会塌下来。3个人在冰水里挣扎了好一阵子，手脚开始慢慢麻木了，巴林顿知道这样拖下去非常危险，得尽快想个办法。想到这儿，他立即和一个同伴把另一同伴高高托起，让他先爬上冰面，然后再把他们拽上去。

一刻钟后，3人都爬出了冰窟，此时他们已经浑身湿透，冻得都快成冰棍儿了。他们哆哆嗦嗦地找到一个避风地，急忙生起火，一边烘烤湿透的衣服，一边回想着刚才所发生的一切，想着想着，不禁都长吐一口气，说刚才再慢一点恐怕就坚持不住了。

就这样，巴林顿和同伴历经千辛万苦，终于回到了出发的地方，虽然他们没能完成人们交给的任务，但他们还是众人心中的英雄。

·误入土著区·

1860年3月，南澳大利亚州政府提供1万英镑，奖励第一个能从南到北穿越澳大利亚大陆的人。告示贴出不久，一个叫麦克多尔的探险家挺身而出，决心实施这个壮举。

麦克多尔带着他的两名部下，从阿德莱德出发，经过一番艰辛的行程，于第二年4月抵达了澳大利亚中心地区。

这天，麦克多尔一行来到一座大山脚下，只见前面地形十分复杂，不知该怎么走。于是麦克多尔让部下留在原地等他，他到前面去探路。

走着走着，麦克多尔忽然发现前面树林里有人影晃动，定睛一看，原来是几个鬼鬼祟祟的土著。麦克多尔心想：这里莫不是他们的禁地吧！想到这儿，他便停住脚步，打算折回头。就在这时，一支飞旋镖从林子里飞了出来，麦克多尔吓得就地一滚，可还没等他站起身，几个高大的土著已将他团团围住。

这几个土著个个脸上都涂着油彩，袒胸露臂，腰间还围着一块兽皮。只见一个首领模样的人走过来，向旁人努努嘴，立刻就有几个土著把麦克多尔捆了个结结实实，押进了树林的深处。

麦克多尔不清楚哪里得罪了他们，也不知道他们要怎样对待自己。就在这时，一个脸上满是黑色油彩的纹身大汉来到他面前，叽里咕噜说了一通，然后拿手在麦克多尔脖子上一砍，做了一个杀头的手势。麦克多尔顿时魂飞魄散，情急之下，嘴里吐出“你好”、“我们是朋友”等土著的简单用语。那纹身大汉歪着脑袋听了半天，好像搞懂了麦克多尔的意思，一摆手，命令旁边两个土著给他解开捆在身上的绳子。接下来，麦克多尔用有限的土著语夹杂着英语，并打着手势断断续续和那个大汉谈了一阵，这才渐渐明白土著为什么会跟踪他，阻挡他前进。

原来，这一带是黄金蕴藏地，山脚下就有一个大金矿，许多黄金走私贩都跑到这儿淘金，土著把麦克多尔误认为是黄金贩子。

为了证实自己是清白的，麦克多尔拼命向这群土著表白，自己只是途经这里，说着，他还打开身上的背包。土著们在麦克多尔的背包里翻了半天，果真没有发现黄金，这才相信他所说的话。

过了一会儿，麦克多尔的部下见他久久不归，便找到了这里。这时，土著已对麦克多尔非常友好，为了表示歉意，他们在草坪上铺了一张兽皮，摆上水罐和用树枝掏空做成的酒壶，以此来款待麦克多尔和他的部下。

几杯酒下肚后，那个纹身大汉把一碗蜥蜴做的汤送到麦克多尔面前。麦克多尔刚端在手上，汤里的腥味扑面而来，呛得他直想呕吐，看着纹身大汉异常热情的表情，他实在无法拒绝，只好趁人不注意，偷偷把汤倒在地上，然后装出酩酊大醉的样子，这才逃过一“劫”。

第二天，麦克多尔和部下在土著们的欢送下，又上路了。他们经过艰辛的跋涉，终于在1862年7月，穿越整个澳大利亚大陆。后来，人们根据他所探索的路线，铺设了一条贯通澳大利亚大陆的地下电缆。

·纵越澳大利亚·

1860年8月20日，探险家罗伯特·伯克率领3名探险队员，从墨尔本出发，展开纵越澳大利亚大陆的探险。

开始一切都挺顺利，但在4个月后，由于后援补给人员没有及时赶来，探险队的食物和饮水出现了缺乏。面对这个严峻的情况，伯克当即决定，队伍向北行进，先去寻找水源。

这里是一片沙漠地区，只长着一些矮小的杂树丛，想找到水简直比登天还难。伯克和队员们并不灰心，在附近转了一圈又一圈。赶路的时候，伯克时常抬头仰望天空，这让队员十分不解，最后，一个队员实在忍不住，自作聪明地对伯克说："队长，你不用看天，在这种季节，是不可能下雨的。"

伯克淡淡一笑，边走边说："这你就不懂了吧，我是在看天上有没有鸟飞过。"看着队员一脸雾水的样子，他慢慢解释道："这是个最简单的常识，有飞鸟出现的地方，不远处肯定会有水源！"

队员们这才恍然大悟。果然，没过多久，他们就在一小片灌木丛里，找到一个小水坑，这让他们无不欢呼雀跃。

走出荒漠，伯克一行又遇到寸草不生的山峦。由于这里岩石裸露，骆驼十分不适应，没走多远，就猛喘粗气，再也不肯走了。没办法，伯克只好命令队员把它们杀了，晒干当做食物。

有了足够的饮水和食物，伯克一行劲头更大了，他们加快了脚步，用了8个星期的时间，到达了海岸地带，由此完成了这次从南到北穿越澳大利亚内陆的探险。面对胜利的来临，探险队员们激动地紧紧拥抱在一起，但此时，伯克却在一旁忧心忡忡，因为从这里到最近的给养站至少还要走两个多月，而现在探险队所剩的食物只够维持一个月了。

回去的时候，探险队员日夜兼程，食物也一天比一天少，伯克不得不决定削减队员的口粮，但还是解决不了问题。当快到给养站时，所有人都因饥饿变得极其虚弱，其中一个队员坚持不住，永远地闭上了眼睛。

埋葬了战友，伯克和剩下的两个队员拖着疲惫的身体，向不远的给养站发起了最后的冲刺。他们穿过一片桉树林，终于看见给养站的屋顶，伯克忍着内心欣喜的心情，语调颤抖着说："得救了！我们得救了！"

探险队员们跌跌撞撞跑进给养站里，发现里面空无一人，什么东西也没了。这是怎么回事？难道……就在伯克目瞪口呆的时候，一名队员忽然叫起来："队长，快，你快来看！"

伯克走过去，见树干上刻着一行字："伯克先生，久等你们不回。当你看到留言时，我们已撤走了。"看着看着，伯克的心情越来越沉重，队员们都一声不吭地望着他，不知接下来该怎么办。过了好长一段时间，伯克才说："看样子，给养站的人撤走时间不长，我们到周围找找看，顺便再看看有没有食物。"

于是，3个濒临绝境的人又向树林深处走去，他们在林子里找了整整3天，也没见到人的影子。这时候，伯克虚弱得再也走不动了，身体彻底垮了，他躺在一名队员的怀里，奄奄一息地说："我是不行了，你们一定要活着回去，不然就没人知道我们所取得的成绩了。"说完，他头一歪，永远停止了呼吸。

过了很长一段时间，墨尔本政府见伯克探险队没了音讯，便派出许多搜索队前去寻找，3个月后，终于在一个土著部落找到了探险队的一名成员，这才知道伯克的遭遇。他们把伯克的遗体运回墨尔本，为伯克举行了隆重的葬礼，人们无不称赞伯克勇敢无畏的探险精神。

·死亡警戒线·

15世纪中叶，葡萄牙王室的亨利王子读了马可·波罗的《东方见闻录》后，非常激动，便任命一个叫吉尔·艾阿尼斯的人为船长，让他驾船越过博哈多尔角，到更远的未知海域去探险。

当时，还没有船只越过博哈多尔角后安全返回的记录，所以人们就传说，那里的海水是沸腾的，海里有着许多可怕的魔鬼。为此，船员们惊恐地对艾阿尼斯说："博哈多尔角是个死亡警戒线，我们不能从那里走。"

艾阿尼斯心里也七上八下，但他想：作为一个探险家，越是危险才越刺激。经过一番谨慎的考虑，他决定不改航线，去看看那里的魔鬼到底有多可怕。

大船驶出了葡萄牙海岸，缓缓向西南方向而去。送行的人站在岸边，一直目送到大船消失在地平线上，这才散去。但在众人的心里，一直都在为艾阿尼斯祈祷，希望他能平安地回来。

在茫茫无际的大海上，大船乘风破浪，一路上非常顺利，眼看就快临近博哈多尔角了。这时，远方的天边飘来朵朵乌云，很快布满了船的上空，狂风也跟着一阵接一阵猛扑过来。

这种情形，使船上的人们立刻陷入一种难以抑制的恐惧之中。有的人紧挨着船边的栏杆注视着海面，生怕骇人的恶魔突然从海水里冒出来；还有的人紧张地望着船的前方，惟恐前面有什么东西出现。

船在风浪中摇摇晃晃地继续前进着，但速度明显慢了下来。忽然，远处的洋面上出现一块陆地的黑影，艾阿尼斯急忙极目远眺，过了片刻，他喊道："那就是博哈多尔角！"

随着博哈多尔角越来越近，风浪也越来越大，有人突然大声叫喊起来：“船长！不能再往前了。趁魔鬼还没发现咱们，赶快回头吧！”这人的话音刚落，许多人也跟着哀求着：“船长，快返航吧！”

艾阿尼斯心里也十分恐惧，只见博哈多尔角周围布满礁石，巨大的海浪前呼后拥地拍打着它们，浪花夹着泡沫向空中飞溅，好像真的“沸腾”一样。艾阿尼斯越看越怕，终于接受了船员们的劝阻，下令调转船头。

在回去的路上，艾阿尼斯想到自己出发前曾向亨利王子夸下的种种海口，不禁脸红了，他问自己：“难道我真这样回去吗？我怎能对得起亨利王子和大家对我的期望？不行，就是死，我也要去看看那里到底是什么模样。”想到这儿，他又立刻下令，重返博哈多尔角。这次，他不管船员们如何劝阻，铁下心来非要按他命令行事不可。

谁也劝不住艾阿尼斯，船员们只得硬着头皮将船驶向博哈多尔角，一时间，船上气氛十分沉重，谁也不吭声，都以为这次是死定了。

令人意想不到的事出现了，当船驶过博哈多尔角后，船既没有掉到无底洞去，海上也没有什么妖魔鬼怪出现。船员们开始都以为这不是真的，但当船越驶越稳，大家才不得不相信这是事实，于是众人都激动地紧紧拥抱在一起。

就这样，艾阿尼斯从这儿登上了非洲海岸。在他的脚下是一望无际的沙漠，他在沙漠里进行了勘察，采集了一些绿色植物，于当年平安返回葡萄牙。

艾阿尼斯的成功之行受到了亨利王子的赞许，并封他为骑士。从此以后，人们都知道博哈多尔角并不是什么死亡警界线，人们再也不用害怕了。

·被囚禁的探险家·

1771年年底，苏格兰探险家詹姆斯·布鲁斯在非洲待了好长时间，对这儿的风土人情，乃至方言土语都十分熟悉。他结束了对非洲大河——尼罗河的考察后，就踏上了回家的路。为了避免和当地土著发生冲突，布鲁斯选择从充满危险和艰苦的陆路走。

这时正值旱季，大地受到太阳强烈的照射，山岩和沙石热得像着了火一样，干枯多刺的非洲灌木丛时常把布鲁斯的肌肤划得血淋淋的，就这样他一直走了整整4个月，才抵达一个叫散纳尔的地方。

散纳尔是尼罗河中游的一个比较大的城市。布鲁斯刚进城，就受到当地人异常热情的欢迎，正当他不知所措时，一个身体很高、很胖的女人走了上来，只见她的下嘴唇上挂着黄金做的环，耳朵上也挂着许多金环，一直垂到肩部。布鲁斯知道，这个胖女人不是一般人。

果然，那胖女人上下打量了一番布鲁斯，微笑着说："我是这里的王妃，欢迎你来到散纳尔，远方的客人。"

打那天起，布鲁斯被留在散纳尔，王妃视他为上宾，整天让他在王宫里给贵族们讲自己探险的经历，惊险刺激的情节让贵族们听得十分入迷。时间一天天过去了，转眼到了闷热的雨季，布鲁斯这才想起自己该做的事，于是他跑去向王妃辞行。

谁知王妃听后，把脸一沉，什么话也没说，就转身离开了。布鲁斯不知王妃是什么意思，但他觉得自己已经跟她打过招呼了，就收拾好行李，准备起程。就在这时，一个骑兵队突然把布鲁斯的住所团团包围起来，他们气势汹汹地走上前，不管布鲁斯如何分辩，五花大绑将他捆了起来，推推搡搡押进了王宫里。

王妃见抓住了布鲁斯，不禁眉开眼笑，她围着布鲁斯转了一圈，慢声说："只要你答应不走，我就放了你。"

布鲁斯没有回答她，而是大声问："为什么要把我抓起来？难道我触犯了你们什么规矩不成？快放了我！"

王妃笑着回答："规矩倒没有触犯，我把你留下来的意思，不过是让你在我们闲着的时候，讲讲你探险的故事来解闷儿。"说到这里，她忽然把脸一板，语气变得非常凶狠："要是你不答应，我就把你的双腿砍断。"

布鲁斯气得直咬牙，想不到自己一个堂堂科学探险家，竟被这胖女人当成一个解闷儿的乐子。想到这儿，他不禁长叹一声，可又有什么办法呢，要真把她惹火了，砍了自己双腿，那就永远回不了家了。

从第二天开始，布鲁斯就变得非常听话，不论王妃叫她干什么，他都一一照办，可他暗中一直在寻找逃跑的机会。他把自己的行李全部卖掉，秘密积攒食物，终于在一个夜晚，趁守卫不注意，逃出了这个是非之地。

一年后，布鲁斯回到了久别的故乡，当他把自己在散纳尔的奇遇告诉朋友时，朋友们无不称奇，都为他感到庆幸。

·寻找神秘河·

19世纪初的时候，在欧洲探险家的眼里，最具有吸引力的莫过于撒哈拉沙漠中神秘的尼日尔河。为了找到这条河的正确方位，英国探险家克拉伯东邀请了两位好朋友，组成三人探险组，开始考察尼日尔河。

当时，探险界流传一种说法，说尼日尔河是流向乍得湖的，然后河水再从乍得湖流出，最终与尼罗河相汇合。于是，三人探险组决定先去寻找乍得湖，再顺着乍得湖去找尼日尔河。

探险组随着南行的商队，行程十分顺利。这天，三人正在行进之中，突然，走在最前面一个叫第南的探险家兴奋地喊道："快看，克拉伯东，那是什么？"

克拉伯东用手遮住刺眼的阳光，顺着第南手指的方向望去，只见远处的阳光下闪烁着一条银带。看了一会儿，克拉伯东不禁有些激动起来，他简直不敢相信自己的眼睛，想不到在这荒无人烟的大沙漠中，竟然会有这么大的一个湖。

这时，他身后的同伴用颤抖的声音问道："那是不是一个大湖？"

克拉伯东自信地点点头，说："没错，那就是一个大湖！"说完，他用力扔掉身上的行李，疾步向大湖跑去，他一边跑，还一边欣喜地喊着："那就是乍得湖！哈哈，我们找到它了！"

来到湖边，三个激动不已的探险家紧紧拥抱在一起，虽然他们还没找到尼日尔河的出口，但却在11个月的跋涉后，意外发现了乍得湖，他们也因此成了首次见到乍得湖的欧洲人。

狂喜过后，克拉伯东建议道："我们只要沿着湖边走上一圈，就可以找到尼日尔河的踪迹了。"两个同伴一听，都觉得很有道理，他们便立刻沿着湖畔开始探察起来。两天过后，探察的结果让他们大失所望，原来，从乍得湖西南流入的河流没有一条像尼日尔河那么大，而且，乍得湖也没有向东流出的大河。

尼日尔河究竟在哪里呢？三人经过一番商量，决定兵分两路，一个去湖的东南方，克拉伯东则和另一个同伴向西而行。谁也没想到，这次的分手，竟成了他们三人的永别。

克拉伯东的两个同伴都在途中患病身亡，寻找尼日尔河的重担，便落在了克拉伯东一人身上。

为了尽快找到尼日尔河，克拉伯东找到了福拉尼族的首领，希望他能给予帮助。那位首领听完克拉伯东的意图后，诚恳地说："先生，尼日尔河离这里至少还有240公里，我看你还是别去了。"

克拉伯东微微一笑，向首领道了声谢，便离开了那里。他以为，自己既然不远万里，经历种种艰险，才来到这撒哈拉大沙漠，而且两个同伴的遗愿还没能完成，所以他没有理由不走下去。

又是很长时间过去了，尼日尔河依然没有踪影，克拉伯东只好打道回府，准备重新调整一下，再次进行他的探险活动。

两个月后，克拉伯东又出发了，这次他没再走上次的老路线，而是先乘船走水路，再改由陆路探寻。功夫不负有心人，在克拉伯东走完几百公里的行程后，终于看到了尼日尔河，这时的他，心里并没有感到欣喜若狂，而是十分酸楚，望着茫茫的河水，他默默地为死去的同伴祈祷着，希望今后不再有人为这条神秘的河流葬身在这滚滚的黄沙中了。

·沙漠留遗书·

1788年，英国伦敦的几个知名探险家成立了一个“非洲内陆探险促进协会”，提出要有计划地开展对尼日尔河流域及撒哈拉沙漠的探险活动。经过一番讨论，大家一致推举约翰·雷特阿德为协会第一个去非洲内陆的探险者，同时确定了穿越撒哈拉沙漠的路线。

一个月后，雷特阿德在索荷广场前向协会成员作了最后的告别。在一片祝福声中，他踏上了探险之旅。

带着大家的嘱托，雷特阿德第一站到达了埃及的开罗，这个文明古都让他大开眼界，法老们的金字塔、狮身人面的斯芬克司像等一切都充满着神秘的诱惑，但他没有时间去顾及考证这些历史，他要做的主要事情是尽快联系到能够与自己共同穿越撒哈拉沙漠的商队。

找了几天，雷特阿德终于联系到一支将要前往撒哈拉沙漠的商队。当他把自己的请求一说，商队的首领感到非常迷惑：“先生，我真不明白你为什么要千辛万苦到撒哈拉沙漠的另一端去呢？那可不是闹着玩儿的！”

雷特阿德淡淡一笑，回答说：“我是受人所托，去那里寻找尼日尔河。”

商队首领顿时吃了一惊，他从上到下仔细打量了一番雷特阿德，然后瞪大眼睛说：“去找一条河？难道你就是为了找一条河，才去跋涉这荒无人烟的大沙漠，你认为这样值得吗？”

话音没落，就听雷特阿德说：“值得！也许你不能理解，探险的价值就在于挑战和发现。”

雷特阿德这无畏的探险精神深深感动了那位商队首领，同意让他跟自己的商队一起去穿越撒哈拉沙漠。几天后，他们从埃及出发了，雷特阿德有生以来第一次看到沙漠中那极其壮观的景象，他感到自己好像来到了另外一个星球，心情格外激动。

然而半个月后，雷特阿德就尝到了沙漠的厉害。在商队到达锡瓦绿洲时，他忽然染上了斑疹伤寒，全身时冷时热，到后来，他陷入了半昏迷状态，每天只有很短的时间是清醒的。对他的病，商队里的人束手无策，全都无能为力，似乎只有让他等待死神降临。

此时，雷特阿德也知道自己的生命即将结束了，但他始终没有忘记“非洲内陆探险促进协会”对自己的重托。他趁清醒的时候，拿出纸和笔，无力地写下一段话：“亲爱的朋友们，真对不起，我没能完成你们交给我的任务，我再也没有机会和你们一起走遍万水千山了，再见了！”

写完后，他又昏迷了过去，直到晚上，他才慢慢醒来，望着夜色中的茫茫沙漠，他的脑海里又浮现出尼日尔河的河水，在阳光照射下泛着耀眼光芒……

当商队里的人发现雷特阿德快不行的时候，他的嘴里正陆陆续续吐着一句相同的话：“尼日尔河……尼日尔河……”随后，声音越来越低，直到停止了最后一丝气息。人们把他抱起来，准备葬在黄沙里，突然，大家惊奇地发现，他的手始终指着南方——那正是尼日尔河所在的方向。

雷特阿德去世的消息传回英国，“非洲内陆探险促进协会”的成员都震惊了。他们手捧着雷特阿德临终前写的那封遗书，全都禁不住哭起来。虽然协会的首次探险计划失败了，但是他们并不气馁，又开始了第二次的沙漠探险。

·误入神殿·

路德威·布尔克哈特是西班牙人，出生于1784年。他在大学的时候就对地理探险有着浓厚的兴趣，当“非洲内陆探险促进协会”刚成立不久，他便与他们建立了联系。1812年，协会将他派往非洲，去尼罗河上游调查情况。

为了这次探险能够成功，布尔克哈特把自己的名字改了，叫亚波拉罕·阿布杜拉，这是个标准的阿拉伯名字，之所以起这个名字，是因为他想混进阿拉伯人的商队里。

布尔克哈特随身带了一个佣人、一头驴子和60枚西班牙银元，开始了探险。他来到开罗，在那里结识了一个阿拉伯商人。这个阿拉伯商人对布尔克哈特的身份一点也没起疑心，几句好话一说，他就同意布尔克哈特加入自己的商队。

自打布尔克哈特和商队进入努比亚沙漠后，他便无法主宰自己的命运了。沙漠里经常有成群结队的强盗出没，他们专门袭击过往的商队，好几次，强盗用手枪顶着布尔克哈特的脑门，但后来发现他确实很穷，从他身上捞不到一点油水，就不再为难他了，才使他侥幸逃过了劫难。

布尔克哈特一路提心吊胆，好不容易来到了尼罗河的上游。令他没想到的是，这里一点也不太平，土著部落之间正发生大规模的血腥战争，他们不管你是什么人，只要抓住，格杀勿论，连经常向他们提供商品和武器的阿拉伯商人也不例外。在这种情况下，布尔克哈特如何还敢搞调查呢？他只得垂头丧气沿着尼罗河往回走。

一天，布尔克哈特骑在毛驴背上，被午后的太阳晒得昏昏欲睡，突然，他心里产生了一种奇妙的感觉，就在这个时候，耳边一下静了下来，连风声都没了。他睁眼一看，发现自己竟走到了一座大型的古城废墟当中。只见一些高大的石柱在太阳下孤独地竖立着，上面还雕刻着无法辨认的文字。在赤色的沙土里，到处蹲伏着象征威严的小型狮身人面像和代表太阳神的石雕公羊。

望了一会儿，布尔克哈特的眼睛猛地被什么东西晃了一下，他跑过去一看，竟是古代铁匠丢弃的铁渣和已炼好的铁。在铁渣的旁边，还有一路丢撒的许多彩色陶瓷碎片，他连忙边走边拣，不知不觉走进了山岩的底部。

当他再抬起头来，眼前的景象吓得他一屁股坐在了地上。只见在山岩上雕刻着4尊巨型神像，气势十分雄伟，让人感到一种无形的威严和庄重。过了老半天，布尔克哈特才慢慢缓过神，细细观察起这些神像来。原来这整座山岩都被古埃及人巧妙地利用了。他们根据山的走势和高度，把这4尊巨型神像雕刻在内部，人要不是无意走进来，根本就无法发现它们。

布尔克哈特从未见过如此雄伟壮观的神殿，他已经完全被它的气势和艺术魅力所慑服，并从内心深处对眼前看到的2000多年前埃及人的文明产物，产生由衷的惊叹和崇敬。回国后，他把自己所看到的一切详细记录了下来，并将这些资料写进他后来出版的著作《努比亚游记》里，成为世界公认的第一个到达阿布辛比勒大神殿的欧洲人。

·鸣枪脱险·

世界上第一个能够画出令人信服的非洲地图的人，是一名叫海因利齐·巴特的德国探险家。他还是第一个研究黑人部落生活习俗的人。

1852年，巴特在结束对撒哈拉地区的亚加得斯和乍得湖的考察后，回国休整了一番，于当年的11月底，再次出发探险。他此行的目的地是非洲内陆南部的神秘之城——通布图。出发前，巴特粗粗估算了一下，自己将很可能要走上两年才能到达通布图，但他的自信心非常强，对漫长的旅途毫不在乎，坚持认为自己一定能够顺利到达目的地。

这天中午，天气异常炎热，炽热的阳光把沙漠烤得滚烫。巴特经过长时间的跋涉，又饥又渴，他摇摇晃晃地走到一个高高的沙丘顶端，疲乏地坐下来，脱下脚上那双黄色的长统皮靴，把漏进里面的沙子倒了出来，顺便让闷得难受的双脚露出来透透气。巴特解下身上背的水壶，使劲晃了一下，他知道壶中的水已经不多了，他多么想痛痛快快喝个够啊，但他此时必须忍耐着不能喝，他知道，这壶水是救命的水。

巴特把水壶轻轻放在嘴边抿了一口，让壶里的水滋润一下干裂的嘴唇，便舍不得再喝了。他慢慢地把水壶盖拧紧，然后极目远眺，寻思着能在这附近什么地方找到水源，但放眼望去，这一望无际的沙漠，只有烈日下的漫漫黄沙，没有一丝水汽。

就在这时候，远处突然黄沙滚滚，卷起了一道沙幕。不大工夫，只见一支土著马队向这边飞驰而来。巴特心中一喜，以为这下有救了，立即站在沙丘的顶部，朝着马队拼命挥舞着双手，嘴里还一边学着阿拉伯人“噢喔噢喔”地叫喊着。

马队发现了站在沙丘上的巴特，马上便由纵队变换成扇状的队形，并也跟着发出一声声古怪的喊叫。然而当他们发现巴特不是当地人的打扮时，忽然摆出了进攻的战斗队形，飞快地向巴特逼近。

巴特一看情况不妙，忙用阿拉伯语向马队喊叫，但来势汹汹的土著全然不理会，他们快马加鞭，挥舞着手中的长矛，眼看就要冲杀到巴特的面前了。

见所有的表示都不起作用，巴特慌忙在沙丘上趴下来，掏出挂在臀部后面的大口径短枪，沉着地瞄准领先冲来的土著，果断地扣动了扳机。只听“轰”一声，冲在最前面的土著的帽子飞了起来，那家伙吓得抱头滚落马下。

这突如其来的变化，一下子把整群土著都给镇住了，没等他们缓过神，巴特又朝天连开5枪，虽没伤着人，但已彻底使土著害怕了。土著从来没见过这么厉害的玩意儿，全都吓得调转马头，仓皇而逃。

就这样，巴特经历了种种艰险，终于到了通布图。在那里，他遇到了一位过去一起探险的老朋友，两人都喜出望外。那个老朋友一把搂住巴特，激动地说：“真没想到，能在这鬼地方遇到你，这么长时间没了你的消息，家乡的人还都以为你去见上帝了呢！”

经历了长期孤单旅行的巴特，此时更是喜不自禁，他抱着老朋友，久久不肯松手，哽咽着说道：“你们以为我死了吗？我死了，我确实死过许多次了！”

离开通布图后，巴特按自己拟定的计划开始由南至北穿越撒哈拉沙漠。虽然这又是一番难以形容的艰苦，但他凭着顽强的毅力，最终还是成功了。这次的探险旅行，巴特整整用了5年。所以一直到1857年，还没有一个探险家或是旅行家像他那样，对非洲地区有那么深刻的了解。

·水雾指路·

1854年初，英国探险家大卫·利文斯通带着一支探险队穿过南非的喀拉哈里沙漠，到达了博茨瓦纳境内的里安迪。他打算从那里去寻找传说中的赞比西河。

从里安迪出发，恰逢遇上非洲内陆的雨季，没走多远，利文斯通便发现自己的队伍陷入了困境。先是疾病在队员们中间传染开，接着又是连日不停的暴雨所引起的洪水，使各种动物都躲在洞穴里不再外出活动，害得探险队一连几天都猎取不到充饥的食物。

经过一番苦斗，探险队终于走到了孔戈洛附近。在那里，利文斯通发现周围有土著活动的迹象，于是他带着队员们找到了一个通加族人的部落，想向部落里的土著打听一下这里的情况。

谁知，这个部落的酋长对利文斯通一行的到来十分警觉，立刻派了一帮武士将他们团团围住，并在他们身边大跳一种带有威胁和炫耀性的战舞，搞得探险队员们个个神经极度紧张，不知该怎么办。这时，惟有利文斯通沉着稳定，他知道自己千万不能流露出害怕的样子，不然，那些土著更得寸进尺。

利文斯通镇定的模样让土著酋长有些出乎意料，一时摸不清他的底细，不敢做得太过分。但他还是命令利文斯通带着人赶快离开这里，并且将所携带的东西统统留下。利文斯通没办法，只好答应，可没想到等利文斯通把所有的东西丢下，刚准备走的时候，那个酋长叫住了他。酋长围着利文斯通转了两圈，忽然呜里哇啦喊了一通，利文斯通听了半天，一句也没听懂，他扭头看看队伍中的翻译，只听翻译小声地说："他要你身上的衬衫和马甲。"利文斯通哭笑不得，无奈地脱下身上的衣服，重重地扔在地上。

离开了土著区，探险队又向前走去。没多久，新的困难和危险又发生了。那是一场突如其来的大暴雨，一下击倒了许多活泼健壮的人，就连利文斯通也没能逃掉，得了重病，发起高烧来，要不是同伴们的细心照料，他肯定要死在这块非洲大陆上。

逃离了死亡，利文斯通再次上路了。从出发他已走了差不多一年的时间，但赞比西河还没有踪影。一天傍晚，探险队在一座小山脚下宿营，当夜幕降临的时候，队员们忽然远远听到连绵不断的雷声，大家抬头看看，只见明月当头，星光昏暗，既看不到乌云翻滚，也看不到电光闪烁。起初，利文斯通以为自己听错了，但队员们都表示听得清清楚楚，这下他才明白发生了不寻常的事情，于是他带上几名队员往山顶上摸去。

来到山顶，眼前的景象顿时把利文斯通惊呆了：在小山北面山影处，出现了一座奇幻般的、不停变换各种美丽色彩的弓形光桥，它在夜空里闪烁着迷人的光芒。

几个人呆了一会儿，不知谁喊了一声："水雾，那儿有一团水雾！"喊声惊动了山下的队员，他们也纷纷爬到山顶，来观看这上帝创造的奇迹。整个晚上，没有一个人去睡觉，都望着那月光下的彩色水雾，一直站到天亮。

第二天，队员们在利文斯通的带领下，朝雷声轰鸣的地方奔去，大约离响声四五公里的样子，巨大的响声就使大家彼此听不见对方的说话声了。再往前走，一阵阵水雾变成了大雨，向利文斯通迎头浇下，他抬头望去，只见一条举世罕见的巨型瀑布飞泻而下，落入下面一条大河中。

经利文斯通测算，这条平缓宽阔的大河，就是自己苦苦找寻的赞比西河。为了纪念这次奇遇，他按照英国女王的名字给这座瀑布取名为"维多利亚瀑布"。

维多利亚瀑布的发现，是利文斯通探险生涯中的一个重要里程碑。后人为了纪念他，特意将这里的一座城市命名为利文斯通城，现在，它已经是世界著名的旅游城市。

·在沙漠中永生·

在众多的沙漠挑战者中，最引人注目的是荷兰的亚历山得琳·狄娜，因为她是沙漠探险史上第一个留下姓氏的女性。

1869年初，狄娜在看了一本叫《北方的多亚雷古人》的书后，决定去撒哈拉探险。对于探险旅途中可能发生的危险，狄娜早有思想准备，她认为男人能做到的事，女人也一定行。就这样，她勇敢地走进了一望无边的沙漠。

刚开始的几天，狄娜对沙漠中的生活很不习惯，过了很长一段时间，她才渐渐适应。这天下午，狄娜正在赶路，忽然一片灰暗的云层遮住了热辣辣的太阳，眼看一场风暴就要来了。为了躲避风沙的袭击，狄娜让骆驼在凹地趴下，自己躲到了它的背后，她知道，这是沙漠里惟一可以躲避风暴的办法。

狂风挟着沙石，铺天盖地席卷而来，刹那间，整个沙漠已不分天和地了。这场风暴一直刮到天黑才平息，让狄娜第一次体会到无垠的撒哈拉沙漠的险恶。虽然她心里有一点后怕，但没有丝毫的退缩，反而觉得沙漠更加神秘了。

接下来的日子天气非常好，狄娜顺利地到达了第一个目的地——墨尔苏奎，她成了有史以来第一个以探险家的身份到那里的妇女。

在墨尔苏奎住了一段时间后，狄娜又雄心勃勃地把通布图和卡西那列为她下一站的目标。为了不在沙漠中迷路，她决定找个同行伙伴，可找来找去，也没有一个商队愿与她同行。理由很简单，因为狄娜是个女人。狄娜是个意志坚强的女性，她并没有因商队的拒绝而气馁，最后决定去向当地的土著求助。

一天，狄娜来到一个多亚雷古族酋长的住处，简单地说明了来意。那个酋长听后，假装出一副很为难的样子，他知道狄娜是从欧洲来的，身边一定带了不少钱财珠宝，于是他故意刁难起狄娜："尊敬的夫人，实在不是我不帮你的忙，只是我手下的人缺少装备，你要知道，这一路上需要花费很多钱啊！"

狄娜一听就明白了酋长的用意，知道他是想趁机敲自己的竹杠，可她身上的确没多少钱了。想了想，狄娜向那个酋长慷慨地许诺道："酋长，我身上所带的钱财已经不多了，不过请你相信，日后我一定会给你双倍。"酋长见目的已达到，便立即爽快地同意，给她3个多亚雷古人做向导和护卫。

第二天，狄娜就离开了墨尔苏奎，向南出发了。起初，一路上还非常顺利，但就在一个星期后的清早，酋长指派的3个多亚雷古人向导恶狠狠地走进了狄娜的帐篷，其中一个人说："夫人，我们为你都很辛苦，你看是不是该分一些珠宝给我们呢！"

狄娜感到有些意外，回答说："我不是把珠宝都给你们的酋长了吗？再说我现在也没有什么东西可给你们了。"

3个多亚雷古人当场恼羞成怒，强逼着狄娜交出身上的首饰和银器，说着说着，他们一把将狄娜按倒在地，然后用绳索把她绑了起来，接着便七手八脚翻起狄娜的行李。

狄娜躺在地上苦苦哀求，3个多亚雷古人毫不顾忌，很快就将她身边仅有的一点值钱的东西搜了个精光。最后，在他们临走时，其中一个人"嘿嘿"奸笑了两声，忽地从腰间拔出一把锋利的短刀，说道："夫人，你不是对这沙漠感兴趣吗，现在我要你永远留在这里！"说完，他摁住狄娜的手腕，慢慢割了下去。

3个凶恶的歹徒走了，狄娜一动不动地躺在地上，手腕上的血汩汩直淌，血流到沙中，立即就被沙土吸干了，黄沙被染成了红褐色，渐渐地，狄娜闭上了那双美丽的大眼睛。这年，她才刚满30岁，撒哈拉大沙漠成了她永远的归宿。

·19天穿越沙漠·

一位44岁的英国人用了19天时间，只身穿越撒哈拉沙漠中尚无人征服的阿拉万到瓦拉塔地区。为此，他的体重减少了27公斤，以至于朋友们都认不出他了，这人就是探险家特德·爱德华兹。

1983年2月16日，特德从阿拉万出发了，他的目的地是瓦拉塔。与他为伴的是两头名叫“特拉德”和“佩吉”的骆驼。为了保存骆驼的体力，特德在头几天一直是徒步前进，3天共走了80公里。

第三天晚上，特德安置好骆驼后，带着连日的疲倦，早早进入了梦乡。谁知第二天一早，他突然发现携带的水罐少了4个，这就是说，他只走了七分之一的路程，却丢了三分之一的水。要知道，在沙漠旅行中，水比金子贵重得多啊。

灾难从此开始了，第五天的夜里，一场罕见的沙漠风暴袭击了特德，他一夜没合眼，用长钢钎死死固定住帐篷，这才没让大风把它吹走。天亮后，风暴过去，天气转晴，一切都好像没发生过，特德的心情也好了许多。可当他准备起程时，发现自己的两头骆驼无影无踪了。 在这种情况下，特德再想继续前进，几乎是不可能的，就连重返阿拉万都很困难。没办法，特德只得在四周寻找骆驼的踪迹，几个小时后，他终于在一个隐秘的谷地里找到了那两头被风暴吹走的骆驼，这时，他才长长地出了口气。

10天后，特德终于完成了撒哈拉之行的一半路程，他高兴极了，在行李中找出一面英国国旗，又找了一根棍子做旗杆，然后把它插在沙地上。看着迎风招展的旗帜，特德的脸上露出了笑容，仿佛看见胜利正向自己招手。

然而，特德的高兴没能持续多久。在第十三天下午，那头叫“佩吉”的骆驼轻轻一脚，把特德放在地上的一只水罐踩得粉碎。水罐的破裂声，犹如雷鸣，几乎把特德当场吓昏了。

看着水罐里的水眨眼间消失得无影无踪，特德第一次想到了死。他知道，这是最后一罐水，要想活着走出沙漠，全得靠它，但现在……

这天夜里，特德失眠了。经过一夜的考虑，他决定改道向阿默萨尔方向前进。因为继续朝瓦拉塔走的话，至少还要三天时间，在目前断水的情况下，必将渴死无疑，而阿默萨尔是位于瓦拉塔西北的一个水井区，到那里只需要两天路程。

随着时间消逝，特德的身体已变得越来越虚弱了，他不得不经常停下来休息。在他身后，一对大秃鹰一直凶恶地盯着他，准备把他当成一顿美餐。特德见状，不知从哪儿来了一股劲，大声地对秃鹰叫喊道：“我不会死！我不会死！”那两只大秃鹰“呱”地飞上了天空，刺耳的叫声好像是一声声狞笑。

就这样，特德踉踉跄跄地走了两天，终于在前方看到了一顶帐篷。此时他再也支撑不住了，不禁双膝一软，跪倒在沙丘上。

帐篷里住的游牧人救了特德。他们告诉他，这里离瓦拉塔只有30公里的路程了，最后又送给特德一些饮用水。

希望再次在特德的心中燃起，他告别游牧人，顺着旁边一条山谷前进，走了一个多小时后，却发现那竟然是一条死胡同。他想翻山而过，但骆驼早就精疲力竭了。他只好回头走出山谷，想再找一条路，可连绵的群山高大起伏，哪里是尽头啊？一阵惊慌又涌上了特德的心头。

游牧人送给他的水很快就喝完了，特德绝望地爬上“佩吉”的驼峰，任凭骆驼把自己带到天涯海角，自己能做的只有向上帝祈祷了。

也不知骆驼走了多久，特德在恍惚中看到了一个充满生机的世界，只见许多骆驼正悠然自得地迈着步子，一群人正向他善意地微笑着。特德颤抖着声音问道：“这是哪里？”当人们回答说是瓦拉塔时，他几乎哭了出来。他实在不敢相信，自己竟能活着来到这里。从出发那天算起，到这一天，他的探险经历了整整19天。

·无意中发现巴西·

1500年3月9日，葡萄牙探险家阿尔瓦布什·卡布拉尔指挥着一艘大型探险船，向南方出发了。他此行的目的地是印度，因为传说那里非常富饶，遍地都是美丽的珠宝和珍贵的香料。

船队在进入大西洋中部后，熟悉的大陆便渐渐远去了，温暖的海风不禁让卡布拉尔的脑海里泛起了无限的遐想，他迎着太阳轻轻闭上眼睛，仿佛已闻到了印度香料的味道。

大海不会始终如此平静，它终于在一天傍晚暴露出狰狞的面目。只见铅灰色的天幕笼罩着整个海面，天边不时响起一阵阵的雷鸣，风越刮越大，越刮越猛，把桅杆上的大帆布刮得摇摇晃晃。船员们纷纷从船舱里冲出来，七手八脚地给甲板上的货物进行加固。

没多大一会儿，黑云压下来了，接着雨点开始疯狂地砸下来，顷刻间就变成了浓浓的白色雨幕。卡布拉尔心想不妙，急忙命令收帆，船员们和狂风暴雨整整搏斗了一个多小时，才好不容易把帆降到了甲板上。海面涌起的巨浪并不给船员们喘息的机会，它们一会儿把船丢进深深的“谷地”，一会儿又急速地把船推上“峰顶”。

虽说卡布拉尔在大海上也闯荡了几十年，可这么大的风暴他还是第一次见到。他看船员们被巨浪打得几乎站不住脚，连忙大声喊道：“大家别慌，用力抱紧船上的柱子，千万不要掉进水里！”经他这么一喊，船员们才反应过来，慌忙死死搂住身边的柱子，一起闭上了眼睛，任凭船只疯狂地颠簸。

这场大风暴整整持续了一天才慢慢平息下来，船员们抬起极度疲惫的头，茫然地朝周围望去，当他们看到自己熟悉的伙伴还在的时候，脸上不禁都露出了笑容。等缓过劲，他们便清理起船上的物品来。

此时，卡布拉尔拿出航海图，想查找一下现在自己所在的方位，谁知航海图经过一天的浸泡，上面连一个字也没有了。这可怎么办？卡布拉尔心里一阵慌乱，他知道探险船现在肯定脱离了原来的航行路线。

从卡布拉尔的脸上，船员们已明白发生了什么事，这让他们比遭遇到昨天的风暴还紧张，他们不约而同地问道："船长，我们还能到达印度吗？"

卡布拉尔已慢慢恢复平静，他双目炯炯地注视着前方，半天嘴里才迸出一句："继续向前航行，我们一定会到达目的地的。"停了一会儿，他又说道，"让上帝来给我们领航吧！"

继续航行是探险队目前惟一的办法，于是船员们不顾疲劳，加快了航速。他们只能看着太阳一天天落下、月亮一天天升起，但对自己究竟走到了哪里却一无所知。终于在一个清晨，一块陌生的陆地出现在他们的前方。 卡布拉尔一声令下，探险船向那块陆地直奔而去。他们现在最急迫的并不是到达印度，而是赶快找个地方补充淡水和食物。上了岸，船员们都忙着去找水源，而卡布拉尔却从船上取出一面葡萄牙国旗，用力把它插在了一个小山头上，他哪里想到，这是那块土地上升起的第一面葡萄牙国旗，而且他也成了第一个跨入那里的欧洲人。

船员们让卡布拉尔为这个地方起个名字，他举目远眺，只见在不远处有一座高山，山上的丛林就像一排排绿色的十字架。想了想，卡布拉尔说："就把这地方叫做'圣十字地'吧！"

这"圣十字地"就是今天南美洲的巴西，后来有人发现这里有一种名贵的木料，叫"巴西木"，所以巴西这个名字就渐渐代替了最初的"圣十字地"了。

卡布拉尔和船员们在巴西停留了10天，完成了一切必要的补给后，又匆匆踏上了征途，朝他心中真正的目标——印度进发了。

·“探险暴君”皮萨罗·

在历史上，有一个被人称作“探险暴君”的人，他就是西班牙人弗朗西斯科·皮萨罗。

皮萨罗一直靠探险为生，虽然他到50岁时，已在巴拿马买下了一块地产，但他却一点都不满足，继续带着探险队顺着南美洲海岸南下航行，到处寻找大发横财的机会。

1525年的夏天，皮萨罗和他的随从无意中遇到一只乘坐着20多个印第安人的木筏，这木筏上竟有许多黄金做成的王冠、腰带，另外还有大把大把的红宝石和绿宝石。他上前一盘问，原来他们全是印加王国的臣民。

皮萨罗不禁怦然心动，心里暗暗想道：“原来这南美内陆的印加国这么富有，我一定要让那里的黄金珠宝归我所有。”想到这儿，他立刻给西班牙国王写了一封信，上面说：“我不要一兵一卒，只要给我一纸委任，我就能征集军队，消灭印加王国，使它成为西班牙的殖民地！”

不花西班牙一分钱，事成后又能得到这么大的好处，西班牙国王当然愿意，他马上任命皮萨罗为圣地亚哥骑士，还封了他一个头衔——未来的秘鲁新卡斯蒂利亚殖民地总督和司令。

经过一番筹备，皮萨罗于1531年带着一支100多人的队伍离开了巴拿马，人们看到他的队伍只有那么一点人，而且武器装备也很差，不由都感到好笑，说皮萨罗简直是鸡蛋碰石头，就凭这点实力，别说去征服一个国家，就是能不能走到那里都是问题，真是狂妄过头了。

皮萨罗当然也非常清楚自己的状况，但他为了能发大财，一定得冒险赌一把。当队伍踏上南美洲海岸后，他开始把各种珠宝拿出来给手下士兵们看，声称只要打下印加国，人人都将得到花也花不完的财宝。在金钱的诱惑下，士兵们士气大振，一步步逼近了内陆地区。

这天，队伍来到距印加国400多公里的卡哈马卡城，皮萨罗命令手下沿着河谷上行，想趁印加人不备，来个偷袭。谁知就在这个时候，印加国王派出的使者突然前来求见，皮萨罗以为自己的计谋败露了，不过当他同使者谈过话以后，才慢慢放下心，知道印加国王对自己的企图一点也没察觉，于是他微笑着对使者说："大海彼岸一个强大的国家的国君派来的，是印加王的好朋友，这次前来，我是想拜访拜访印加王，并奉命给他提供最好的武器。"

使者将信将疑地离去了，皮萨罗马上吩咐全体人马火速向卡哈马卡进发。队伍进入内陆山地后，遍地都是沙子和光秃秃的石头，天气酷热，随时可以看见石头被太阳晒得突然裂成几块，道路越来越难走。

穿过山地，紧接着是一大片荒凉的沙漠，一行人在沙漠里走了整整三天，没见到一滴水。皮萨罗看到马耷拉下了脑袋，怕它们在酷热中累垮，就叫脚夫们牵着马前进，并且命令：所有人撒的尿只许给马喝，不准自己偷喝，因为在未来的战役中，马是最好的助手。没办法，众人强忍着干渴，费了九牛二虎之力才走出了沙漠。他们还没来得及高兴，高耸入云的安第斯山又挡在了他们的面前。

当时这座海拔4000多米的安第斯山还从没有欧洲人攀登过，可皮萨罗早已被黄金冲昏了大脑，想也没想就带着部下翻越起来。爬到一半，许多士兵看到山间住的印加人个个贫穷不堪，他们开始怀疑印加国到底是不是像传说里所说的"成堆的黄金"，于是，一些士兵打起了退堂鼓，悄悄溜下了山。

皮萨罗见手下越来越少，气得暴跳如雷，他实在不愿看到马上就要到手的胜利白白没了。他再次向手下许诺，只要翻过安第斯山将重重嘉奖每个士兵。士兵们的神经又被打入了兴奋剂，终于勉勉强强翻过了大山，到了印加国。

印加国的确富有极了！皮萨罗略施诡计，杀了印加国王，接着他对印加的人民进行了大规模的血腥镇压。1535年，这个“武装探险家”把利马作为首都，当起了国王。然而，他的好日子并没过多久，几年后，印加国的国民突然起义，结果了皮萨罗的性命。

当皮萨罗死亡的消息传回欧洲，没有多少人对他表示惋惜，而是对他的所作所为切齿痛恨，认为他迟早逃不了这个下场。从此，“探险暴君”的绰号就取代了皮萨罗的名字。

·铁腕海盗·

在地球的南方，传说有一块未被发现的大陆，为了找到它，英国女王伊丽莎白于1578年把这个任务交给了一个叫弗朗西斯·德雷克的探险家。

德雷克原是个海盗，后来对航海探险产生了浓厚的兴趣。在当时的英国探险界，他一直是个勇敢、无所畏惧的人物。这年的1月12日，德雷克指挥着他的船队驶离了普利茅斯港。一个月后，他们便来到了麦哲伦海峡。

这是英国人第一次来到这里，所有的船员都异常兴奋，德雷克也激动不已，命令队员们张灯结彩，鸣放礼炮，来庆祝船队所取得的成绩。为了尽早结束探险，德雷克让船只加快速度，顺着海峡前进。

探险队足足用了半年时间，才驶出海峡，谁知一场猛烈的大风暴突然袭向他们。在浓雾的包围下，强风夹着雨水、冰雹，呼啸而来，一时间，海面上掀起了大山般的巨浪，船只顿时失去了控制。

经过一番苦苦的挣扎，除了一艘探险船侥幸逃出风暴，驶回海岸，其他几艘不是被巨浪吞没，就是被狂风刮得无影无踪，其中包括德雷克所乘的“金鹿”号旗舰。

这场大风暴持续了一个多月才停息，那艘逃出去的探险船四处寻找船队，但始终没发现其他船只，船上的队员判断，别的船只可能都已葬身海底，于是他们放弃了远征，掉头返航。

然而，“金鹿”号并没有沉没，它一直在巨浪里顽强地挣扎，后来被狂风吹向了南方。暴风雨停息之后，德雷克发现自己所乘的“金鹿”号已漂近了一群稀稀落落的岛屿，而在岛屿的南方则伸展着无边无际的汪洋大海。

面对这无比辽阔的大海，德雷克立刻便意识到这是一个重大的发现。因为自麦哲伦以来，人们一直都以为海峡南面的火地岛是延伸到南方大陆的一部分。而眼前的事实表明，它只不过是一群岛屿而已。这些岛屿是南部美洲的最南端，再往前并无陆地了，只有大西洋和太平洋的海水在此会合。

德雷克把船员召集在一起，将自己的判断告诉大家，最后说："那传说里的南方新大陆，由此可见是不存在的。"说到这儿，他锐利的目光从每个人的脸上扫过，停顿了一会儿，又补充道："如果这个新大陆真存在，我想它也一定是在寒冷的地平线以外很南的地方。"

这一番话令船员们频频点头，都觉得非常有道理。没多久，"金鹿"号在一个岛屿靠岸了，德雷克的心激动得差点没从嗓子里蹦出来，他三步并作两步，匆匆登上海岸，"扑通"一声扑倒在沙地上，忘情地亲吻起身边的岩石。接着他猛地对着大海狂喊起来："我，弗朗西斯·德雷克已来到了这个世界上陆地的最南端，谁也没有比我走得更南的了！"然后，他转身对船员们说："快！快扬帆起航，我们到北面去找大西洋和太平洋的会合点！"

德雷克的激情大大感染了船员们，"金鹿"号向北面疾驶而去。但在三个星期后，一场极度浓密寒冷的大雾挡住了他们的去路，而海岸似乎还不断向西北延伸，没办法，德雷克只得命令船员们将船掉头往南航行，这时，他的心里又萌发了环球航行的念头，于是"金鹿"号改道朝西驶去。

随后的两年里，"金鹿"号经过了菲律宾，穿过了马六甲海峡，横渡印度洋，绕过好望角，终于在1580年9月26日，回到了他们的出发地——普利茅斯。

为了表彰德雷克的功绩，英国女王破格封海盗出身的他为爵士，而人们为了纪念他，把南美洲南端与南极半岛之间的通道称为"德雷克海峡"。

·与总统齐名·

1799年6月的一天中午，从西班牙港驶出了一艘大帆船，上面载着大名鼎鼎的德国探险家亚历山大·洪保德。他这次将前往南美洲的奥里诺科河，去追溯它的源头，同时还要考察传说中连接奥里诺科河和亚马孙河的卡西加雷天然运河是否真的存在。

探险船在大海中颠簸了整整41天，抵达了库马纳港。登陆后，洪保德开始深入南美洲的腹地，和他同行的还有他的一个好朋友。他们越过崎岖不平的山顶窄路，走过一望无际的大草原，来到了奥里诺科河边一个叫“圣费南多”的原始小村落。

在这个位于热带雨林区中的小村落里，洪保德见到了许多自己过去听都没听过的草本植物，于是他便和同伴留在了这里，打算住一段时间再继续跋涉。

这天，天气出奇地热，为了降温，两人跑到村落附近的沼泽里游了半天泳。回来以后，当地村民们看他们的眼神都显得十分意外，两人纳闷极了。难道这里不能下水游泳吗？等村民把真相对他们一说，两人才恍然大悟。原来，那片沼泽地里到处都是当地人称为“得隆布拉特”的一种带电鳗鱼，这家伙所放的电量足以电死一匹壮马，而他俩居然活着回来了。

“得隆布拉特”真有这么厉害？洪保德将信将疑，好奇之心油然而生，他决心去研究这种古怪的电鳗。于是他当众宣布：谁要是能活捉到电鳗，将会得到重赏。

重赏之下必有勇夫。没多大工夫，已有十几个当地土著报了名，他们赶着一大群马来到了沼泽地旁。洪保德一看就知道，这些人想用众多的马使电鳗用尽电力，然后再下去来个一网打尽。

果然，只见土著们一边吆喝，一边把马往沼泽地里赶，那些马可能知道下面潜伏着无数可怕的“杀手”，说什么也不肯下去，最后还是在土著们鞭子的抽打下，才硬着头皮迈出了脚步。它们刚站到水中，就突然痛苦地嘶叫起来，一会儿踢前腿，一会儿蹬后腿，眨眼间，有几匹马已忍受不住了，身体发软，接二连三地昏倒在水里。站在岸边的土著看看时间差不多了，便用头上的草帽把电鳗抓上来。

洪保德仔细端详了一会儿电鳗后，用脚在它身上踩了一下，想不到，脚刚碰到电鳗背上，就感到浑身麻木，他控制不住，“扑通”一声，倒在了地上，全身肌肉急剧地抽痛起来。

过了许久，洪保德才慢慢苏醒过来，连连说道：“厉害，厉害！”随后，他动手解剖了一条死去的电鳗，最终的结论是：产生这种致命的电力是电鳗肌肉里的纤维组织。

在“圣费南多”居住的那段时间，洪保德采集了许多珍贵的动植物标本，带着这些成果，他又沿着奥里诺科河，踏上征途。经过五年的探索，他和朋友终于把地图上2000多公里没标明的土地走了个遍，并写下了大量宝贵的资料。

回国后，洪保德把自己在南美洲的探险成果写成了一本书，名为《宇宙》，这本书在世界上引起了极大的轰动，为此，驻柏林的美国大使特意邀请他出席华盛顿诞辰的庆祝会。会上，大使高举酒杯说：“让我们为他们干杯，一个是美国的国父——乔治·华盛顿，另一个是我们的科学之王——勇士洪保德，他的南美之行，是世界最伟大的一次科学探险……”

·探察“吃人族”·

1948年，南斯拉夫探险家詹波尔·西克尔得知巴西边界的丛林里住着6个未知的民族，其中一个部落是吃人的。这个消息让他非常感兴趣，于是他和几位助手乘独木舟进入了巴西境内的布兰科河，决定冒险去探察这个传说中的吃人部落。

布兰科河的两岸全是茂密的丛林，地形十分复杂，所以西克尔和助手们不敢贸然登陆，每天晚上都在船上过夜。就这样，一晃许多天过去了，但那个吃人部落还是没有踪影，这可把西克尔急坏了，他决定在当地找个土著做向导，相信他一定能知道自己想去的地方。

这天，西克尔一行在河边遇见一个土著，于是他们拿出毛巾、镜子和盐等一些日用品送给那个土著，向他打听有关吃人部落的情况。那个土著见他们这么大方，便告诉他们，吃人部落叫图帕利族，离这儿不远，还毛遂自荐为西克尔当向导。

当一行人走近图帕利族驻地时，那个土著向导停下了脚步，说什么也不愿再往前走了。他说：“如果你们不怕被吃掉，就向前走好了，我只能带你们走到这儿，不得不回去了。”说完转身跑掉了，好像看见了魔鬼一样。

到底走不走了？西克尔和助手们相互望望，谁也没吭声，过了老半天，西克尔使劲一咬牙，下定决心说：“继续前进！”

走了没多大一会儿，图帕利族的村舍远远呈现在他们眼前，几个人的心跳变得剧烈起来。西克尔朝助手们使了一个眼色，悄悄钻进了围绕村舍的灌木丛中，只见在村舍前的一片空地上聚集着20多个人，其中有妇女和儿童。

西克尔看了半天，不知他们在做什么，但他知道，要想真正解开吃人部落的秘密，就要同部落里的土著处好关系。想到这儿，他猛地跳出灌木丛，向那些土著走去。只见他一边走，一边把手上的来复枪扔在地上，接着又脱光上身的衣服，用土著的语言喊道："大家别怕，我是你们的朋友。"

那些土著们先是一惊，随后举起长矛，直指西克尔的胸膛。西克尔心里虽然害怕极了，但他脸上始终都保持着若无其事的笑容，故作轻松地朝前走着，然后从裤子口袋里掏出事先准备好的小礼物，慢慢塞进站在最前面的一个土著的手里。

那个土著拿着西克尔送的礼物仔细端详了一阵子，脸上竟渐渐露出了微笑，他冲后面的人摆了摆手，让他们把手里的武器放下。西克尔见自己的行动奏效了，不禁暗自高兴，他大着胆子拍拍那个土著的肩膀，笑着说："我们是朋友，是好朋友！"那个土著也跟着笑了起来，说："对，我们是好朋友！"刚说完，所有的土著都笑了，刚才紧张的气氛一下子缓和下来。

这时，一个高大强壮的中年土著走了过来。从他的打扮上看，西克尔知道他是这个部落的酋长，于是他急忙走上前，恭恭敬敬朝他行了个礼，并献给了他一把精美的匕首。接过礼物，酋长显得很高兴，他热情地邀请西克尔一行在他们的部落里住一段日子。西克尔当然求之不得，忙不迭答应了下来。

成了图帕利族的正式客人后，西克尔就整天细心观察，想看看这些土著到底是如何吃人的，可一连好多天，整个部落根本就没有吃人的动静，这让他纳闷极了，难道外面的传闻是假的？

这天，西克尔再也忍不住了，跑去向部落里一个老人询问起来。老人沉默了一会儿，严肃地说道："没错，我们曾经吃过人……"接着他把关于吃人的事情一五一十告诉了西克尔。

原来，过去图帕利族有个不成文的族规：内部发生争斗，打赢的一方就将输掉的一方烤熟切成块，然后一点一点吃掉，以此来证明自己的勇敢。这样一来，部落里天天都有人被吃掉，图帕利族人很快从

2000多人减少到100多人，眼看就有灭绝的危险。5年前，部落的酋长不得不下令取消这个族规，严禁再有吃人的情况发生。

老人的一番话，说得西克尔冷汗直淌，暗自庆幸晚来了5年，不然自己恐怕也逃脱不了被吃掉的厄运。

·探险“杀人洞”·

在南美洲的玻利维亚，有一座名叫圣佩德罗的间歇火山，在这个火山脚下，有一个神秘的山洞，千百年来，许多探险家进入这个山洞，总是有去无回，因此人们把它称为“杀人洞”。

1993年4月的一天，玻利维亚拉巴斯大学教授埃利肯尔·弗明尼独自一人来到了“杀人洞”前，准备到山洞里看看究竟有什么妖魔鬼怪。弗明尼平时除了在大学教书外，还是一位赫赫有名的探险家，曾到过世界上很多地方，解开过不少神秘现象。

山洞口有一人多高，洞口显得非常阴暗，但往里走了十几分钟，山洞一下子变得明亮起来。弗明尼停下脚步，四下仔细打量着，只见山洞上部还有许多曲折蜿蜒的小洞，光亮就是从那里折射进来的。他在周围观察了一阵，没发现什么可疑的地方，便毅然朝山洞深处走去。

钻过一处狭窄的岩缝，弗明尼听到里面传来哗哗的水声。他抬头望去，只见高处有一道道飞泻而下的瀑布，他想：如果光线能够再亮一些，景色一定更迷人。想到这儿，他取出照相机，把这里的一切都摄入了镜头里，然后才从瀑布后面凹陷的洞口钻了进去。

弗明尼刚刚站稳，突然一群蝙蝠从洞的深处飞了出来，把他吓了一跳，他赶紧举起电筒，照了照那些蝙蝠，发现它们不是那种吸血蝙蝠，心里不觉高兴起来，因为在蝙蝠能生存的环境里，人也一定能生存。

但是，弗明尼很快就发现自己的想法是错误的。他刚往前走了几步，就看见地上倒着一具散了架的骷髅。正当他想弯下腰仔细看看这具尸骨时，忽然感到一阵阵头晕，他暗叫一声不好，慌忙把挂在胸前的防毒面具戴了起来，大吸了几口氧气，头晕的感觉这才慢慢消失。

这时，又有一群蝙蝠从弗明尼头上飞过。他想，洞穴里一定存在着两种不同的气体，有害的那种比较重，弥漫在山洞的底部；而无害的气体较轻，充盈在山洞的上半部，所以蝙蝠就没有事儿。那有害的气体到底是什么呢，难道是二氧化碳?

想到这儿，弗明尼蹲下身子，检查了一下身边的水坑，只见里面有许多蚊子幼虫，这种情况让他激动得一拍大腿，山洞里的有害气体果然是二氧化碳！因为蚊子喜欢比较潮湿的环境，尤其是二氧化碳浓度较高的地方，所以弗明尼就断定这里的有害气体就是二氧化碳。但是，圣佩德罗火山海拔是5870米，二氧化碳怎么会在这么高的地方聚集起来呢?

带着这个疑问，弗明尼继续朝前走去。随着山洞的深入，倒在两旁的尸骨越来越多，此时他已经不害怕了，一步一步走到了山洞的最深处。在那里，他发现了一个巨大的石灰岩水池，这让他不禁恍然大悟：二氧化碳就是由溶解的石灰岩释放出来的。

就这样，“杀人洞”的谜被弗明尼揭开了。在他的建议下，当地政府派出一支工程队，把石灰岩水池填平，又把山洞里的二氧化碳抽了个干干净净。没多久，“杀人洞”就再也杀不了人了，人们就把它改名为“天堂洞”。这“天堂洞”引来八方游客，成了当地一大旅游景点。

·意外的发现·

1601年年初，英国商人巴索勒穆·戈兰诺德听到一个消息：生长在北美洲东部各地的樟木树皮，是治疗多科疾病的特效药，假如能把这种樟木皮运到欧洲，则可以赚一大笔钱。这条消息让戈兰诺德兴奋不已。他决定冒险前往北美洲的弗吉尼亚，到那里的纵深地带去寻找樟木。

准备就绪后，戈兰诺德率领着一行人，乘坐一艘名为“协和”号的大帆船出发了。海上的旅行是枯燥乏味的，两个月时间犹如过了漫长的两年，终于在一天中午，远处出现了一条依稀可见的海岸线——缅因海岸。

船员们都激动得欢呼起来，把船开得飞快。突然，一艘欧洲式的小型钓鱼船出现在探险船的附近。戈兰诺德心里“咯噔”一下，马上起了疑心：“难道船走错路了，又绕回了欧洲？”正想着，小船渐渐靠近了自己，他定睛一看，只见上面站着6个印第安人。这时，戈兰诺德才打消了自己的疑虑，不过他还是有些奇怪，那艘小船上竟坐着一个身穿欧洲水手服装的人。

难道已经有欧洲人率先来到了这里？带着疑问，戈兰诺德命令探险船向那艘小船靠近。果然不出所料，从印第安人的口中得知，这里最近来了一批法国渔民和贸易商，他们是专门捕捞鳕鱼的。

戈兰诺德恍然大悟，不过鳕鱼并不吸引他，他让船继续往前驶去。几天后，探险船驶入了一个大海湾，他才命令全体船员暂停航行，在大海湾里做休整。

一天清晨，戈兰诺德从睡梦中醒来，刚走上甲板，就被眼前的一番景色深深吸引住了：朝霞挥洒在一望无际的海面上，水面闪烁着格外迷人的光泽，洋面上星罗棋布地点缀着印第安人捕鱼的小船，一群群海鸥低空掠过，好一派生机勃勃的景象。看到这里，戈兰诺德顿时心血来潮，当众宣布：今天一天，全体船员就地钓鱼。

船员们欣然从命，放下小船，纷纷撑起了鱼竿。没想到，这里的鳕鱼多得要命，每个船员平均一分钟左右就能钓上一条巨大的鳕鱼，两个小时不到，鳕鱼把小船装得满满的，但为了能顺利驶回大船，船员们不得不把一半的鳕鱼抛入海里。就这样，戈兰诺德无意发现了这新大陆沿岸的大渔场，后来，人们干脆把这个海湾称为“鳕鱼角”。

戈兰诺德一行人满载着捕获的鳕鱼，绕过鳕鱼角，又朝前进发了。没多久，海风又送来浓郁的草木气息，一种即将出现一片肥沃之土的预感在戈兰诺德心头油然而生。果然，南塔科特、马沙文雅等岛屿相继出现，戈兰诺德带着船员来到岸上，发现岛上类似一个原始森林，参天的树干直冲云霄，四周草木丛生，一派生气勃勃的景象。

在西边的伊丽莎白岛，戈兰诺德见到了另一番喜人的景象：杉树群整齐茂盛，里面有着无数的鸟儿在“唧唧喳喳”叫个不停，最让他兴奋的是，他发现了自己梦寐以求的樟树。接下来的半个月里，他和船员们每天都忙到半夜，将大批的樟树皮剥下，堆放在探险船上。看着差不多了，他便命船员扬帆驶离了该岛。

这次远航为戈兰诺德带来了巨大的利润，而令他没想到的是，自己所去的那些鲜为人知的地方，其实就是今天的北美洲的一些地区，而他正是首位发现那里的欧洲人。

·探察密西西比河·

17世纪后期，法国人在北美发现了密西西比河。这条从五大湖流向南边的大河，让无数法国人兴奋不已，他们认为只要搞清楚这条河到底通不通到大海，就可以控制北美的贸易，于是他们派遣了一支由路易·约利埃为首的探险队，去探察密西西比河的流向。

探险队马不停蹄，日夜兼程，赶到了密西西比河，可是密西西比河比他们想象的要复杂得多，没多大一会儿，他们就分不清东西南北了。没办法，约利埃只好带领队员沿着河边漫无目的地朝前走，一路上，触目所及尽是一些怪头怪脑的野兽和五颜六色的鸟，这些还好，最让约利埃担心的是碰到印第安人。所以白天他让大家加倍小心，连生火做饭都不敢，只有到晚上，才敢让大家在隐蔽的地方点火煮东西吃。

探险队员们提心吊胆跋涉了一个多月，这天中午，约利埃在河边发现有人走过的痕迹，并且还发现一条细长的水道通往平原，很显然，这一带有人居住。于是约利埃带上两个队员顺着水道小心翼翼地往前走去，想查个究竟。

3个人悄悄沿着水道前进，大约走了10公里的路，便发现了一个村落。正当他们想走近看个仔细时，几个打猎归来的印第安人发现了他们，立刻发出奇怪的喊声，喊声没落，从村落里就跑出无数土著，他们手舞长矛，眨眼就把约利埃3人团团围住。

两个随行的队员见势不妙，慌忙去拔火枪，约利埃忙拦住他俩，不急不忙从口袋里拿出一个烟斗，向太阳一指。约利埃的举动让队员十分奇怪，不知是什么意思。说来也怪，那些气势汹汹的印第安人竟不动了，看人的眼神也友好起来。

原来，约利埃在出发前就向精通印第安人习俗的老探险家请教过，用烟斗遥指太阳，表示和平友好，所以那些印第安人一见约利埃掏烟斗，就明白了他的意思。

在印第安人的簇拥下，约利埃和队员来到部落里，只见一位老人正对着太阳，面带微笑，向他们摊开双手，表示着欢迎。见此情景，约利埃知道这位老人不是普通人，也学着老人的样子，张开双手。老人诚恳地说："远方来临的客人，由于你们的到来，太阳都显得更耀眼、灿烂。我们全村落的人都等待着你们的光临。"

说完这话，老人就将约利埃他们请进了自己的小屋。等大家依次就座后，约利埃按部落的规矩，把象征和平的烟斗献给了老人，老人也微笑着将自己的烟斗送给了约利埃。一切都在和平友好的气氛下进行。

约利埃在向老人询问了有关密西西比河的情况后，见天色渐晚，就起身告辞了。当天晚上，他让探险队就地休息了一宿，第二天一早，又匆匆上路了。

接下来的行程依然是艰辛困苦，探险队一直走到今天美国的中西部地区，几乎到了墨西哥湾沿岸，才停住了脚步。虽然他们没能找到密西西比河真正的流向，但有一点已是确信不疑，那就是密西西比河流进了墨西哥湾。

约利埃的此次远征，令法国政府非常满意，他们根据约利埃带回来的资料和地图，对密西西比河进行了全面的分析，决心在那里开辟出一片广阔的天地。

·横越美洲大陆·

直到18世纪90年代，加拿大北部内陆地区在地图上还是一片空白。大名鼎鼎的苏格兰探险家亚历山大·马更些来到加拿大填补了这片空白。1793年，他带上两个印第安人向导，驾着独木舟从阿萨巴斯卡湖的吉布伊昂要塞出发，目的是试图寻找一条向西横贯北美洲的河道，抵达太平洋。

独木舟在汹涌澎湃的河流上颠簸着，冲破了重重险阻，渡过了道道难关，为此，马更些付出了无数令人难以想象的艰辛和代价，但他并没有因难而退，依然继续不断努力着。

一天，独木舟在航行中，为了躲闪河里的沙洲，一下失控撞上了岩石，独木舟遭到严重的损坏，舟内的物品被湍急的河水冲得一干二净，不过万幸的是马更些和两个向导毛发未伤，奇迹般地被冲到沙滩上。看着向导有些畏惧的眼神，马更些为他们打气说："伙计们，振作起来，只要我们勇往直前，就一定会抵达太平洋。"

马更些的这一番话，好像是一剂灵丹妙药，立刻让向导恢复了信心，他们齐心协力，把残破的独木舟修补一下，又朝目标继续前进了。可是越往前，越不好走，最后实在不得已，马更些决定抛弃独木舟，改由陆路前进。

10天后，马更些和向导精疲力竭翻越过险峻高耸的海岸山脉，但他们所带的粮食已不多了。就在这个关键时刻，当地友好善良的印第安贝拉库部落向他们伸出了援助之手。土著们将马更些和向导邀请到自己的村落里，拿出最丰盛的晚餐来招待他们。看到这些远道来的客人狼吞虎咽的模样，土著们全都露出善良的笑容。

用完餐，从四面八方赶来的土著纷纷围着马更些又唱又跳起来，在一片欢声笑语中，部落的酋长将一根点燃的烟斗递到马更些的手里。马更些知道这是印第安人对待客人的一种友好方式，于是他接过烟斗吸了几口，又传到下一个人的手中。这天晚上，马更些感到平生从未有过的轻松，仿佛忘了自己还在探险的途中。

第二天，马更些要上路了，尽管酋长一再热情挽留，想请他们多住几天再走，但都被马更些拒绝了。见他如此固执，酋长说道："尊敬的客人，请让我在你们的身上留下我们友谊的象征吧。"话音没落，几个土著走上前来，解开马更些的衣服，在他的背上纹上了富有特征的崇拜物图案。

告别了印第安人，马更些和向导踏上了征途。也不知走了多远，马更些突然嗅到空气里似乎有一些咸味，他赶忙极目远眺，只见不远处波光点点。几个人激动地跑向那里，用颤抖的双手掬起一捧水，不知是谁先喊了一声："水是咸的！这是海！是我们要找的太平洋！"

就这样，马更些完成了他的横越美洲大陆的壮举，终于抵达了太平洋。当这个消息传开时，引起了极大的轰动，人们像欢迎英雄一般，迎接凯旋的勇士。后来，人们为了纪念马更些，特地在太平洋沿岸的岩石上留下了"亚历山大·马更些行程2400公里，由陆路抵达此地"的字样，以此来激励后人。

·斗鸡决生死·

1799年，来自宾夕法尼亚的探险家丹尼尔·布恩听人说，在北美洲东部阿巴拉契亚山的背后，有一块美丽富饶的土地——肯塔基。于是他带上一群拓荒者，从居住地北卡罗纳出发，决心找到那片充满希望的乐土。

探险开始了，布恩和拓荒者沿着印第安人行走过的道路前进着。他们穿过茂密的丛林，趟过湍急的小溪。这天黄昏，他们来到一片树林，大家觉得非常疲劳，便停止了步伐，就地休息起来。

这一觉睡得真香啊，在梦中布恩来到了肯塔基，那里比传说中的还要美得多，到处都是成群的牛羊，绿油油的大草原上开满了鲜花……

就在布恩差点从梦中笑醒的时候，一股浓烟冲进了他的鼻腔，把他猛然惊醒，他一激灵，赶紧坐了起来。不好，帐篷失火了！布恩忙连滚带爬逃出了帐篷。眨眼间，火越来越大，又把其他人的帐篷点着了。

面对熊熊大火，布恩并没有失去往日的沉稳和理智，依然有条不紊地指挥拓荒者突围灭火。当东方破晓时，一行人已完好无损地从大火里逃了出来，他们望着地上的灰烬，不禁心有余悸。为了给众人打气，布恩大声地说："挫折对于我们来说只是考验，只要大家勇往直前，一定取得最后的胜利！"这一番话，让所有人重新精神振奋，大家随着布恩一起大声喊着："勇往直前！勇往直前！"声音在旷野里久久回荡。

又是许多天过去了。一天，布恩带着长途跋涉的人们，在一片绿树成阴、流水潺潺的空地上小憩。突然，一群穿着稀奇古怪的土著犹如从天而降，出现在他们面前。从这些人叽里呱啦的吆喝声中，布恩知道遇到印第安人了。他正想着，一个酋长模样的人走上前来，要布恩一行跟他们走。在土著“土枪土炮”的逼迫下，布恩和拓荒者们只得就范。

工夫不大，众人来到一片茅舍前，布恩估计这是土著的居住点，但令他奇怪的是，茅舍旁还养着几十只凶猛异常的鸡。难道在几个世纪前风靡欧洲的斗鸡跑到这个古老的部落来了吗？就在这时，酋长开口说道：“你们已经被俘虏了，要想活命，必须和我们用斗鸡来决定。”

话音刚落，一个侍从拿着一个封闭的容器走到布恩面前，示意他把手伸进盒子里抓一块石头。布恩不敢拒绝，按照侍从的示意做了，于是，土著根据布恩抓的石头，给他挑了一只红色的鸡。这时，酋长已挑定一只蓝色的鸡，然后命侍从将两只鸡带到一个直径6米的斗鸡场。

斗鸡场外挤满了人，他们大声地吆喝着，好像布恩输定了，此时，布恩心中只能默默地祈祷。一切安排就绪后，斗鸡正式开始了，只见红鸡和蓝鸡张开利爪，振着双翅，像发怒的野兽一样拼命向对方攻击。斗鸡场外的人也像疯了一样地呐喊尖叫，整个场地简直沸腾了。

几个回合过去，红鸡好像有些力不从心，开始节节败退起来，蓝鸡变得越发嚣张。正当蓝鸡得意忘形之际，红鸡突然振翅腾空，朝蓝鸡猛扑过去，发出了致命的一击，蓝鸡顿时身受重伤，败下阵去。这场斗鸡终于以红鸡胜利而告终。布恩看到这个出人意料的结果，高兴得差点跳起来，他知道，自己得救了。

一个星期后，历经磨难的布恩和拓荒者到达了肯塔基。从此，他们开始建设开发起这片美丽的土地，布恩就一直留在了肯塔基，直至度过幸福的晚年。

·和土著交朋友·

迈利奥捷尔·刘易斯少年时代就投身于探险事业，是美国开拓边陲国土的出类拔萃者。1803年年底，美国总统杰斐逊又交给他一个任务，让他去探察密苏里河上游地区。

刘易斯知道，此行是福是祸很难预料，但他还是带着自己的探险队伍毅然从圣路易斯城出发了。这天，他们乘探险船刚靠近苏族印第安人村落，就被凶猛好战的苏族人团团围住。没办法，刘易斯不得不停止前进，派一名队员去和印第安人交涉周旋。

派出去的队员捧着从千里之外带来的威士忌酒，按刘易斯的吩咐，友善地赠送给苏族人。可他们竟蛮不讲理将来人扣留作为人质，还威胁刘易斯再多送一些礼物，否则就要送人质上西天。

刘易斯被贪得无厌的苏族人气坏了，命令部下拔出火枪准备战斗。苏族人见刘易斯不怕自己，也不甘示弱，纷纷举起长矛弓箭，气氛一下紧张起来，战斗似乎一触即发。双方僵持了一阵，苏族人的酋长忽然出人意料地下令，让部下放下武器，然后面露诡秘的神色喊道："算了，我们不难为你们了，你们走吧！"说完，叫下属放回了人质。

这是怎么回事？难道苏族人想耍花样？刘易斯心情一下被弄得复杂起来，他知道，这些苏族人一向凶狠好斗，从不会轻易向敌人妥协。想到这里，他决定由被动变为主动，先去同苏族人搞好关系，取得他们的信任。

于是刘易斯带上翻译和烟斗来到苏族人的营地，他先将代表友好的烟斗献给酋长，然后盛情邀请，请他及手下侍从到自己探险船上参观参观。见刘易斯一脸诚恳，酋长答应了，得意洋洋地随着刘易斯在船上逛了一圈。

当天晚上，一场丰盛的酒宴在探险船上举行了。在一片祝福声中，刘易斯为酋长斟了满满一杯威士忌，谁知那酋长先用怀疑的眼光瞥了瞥刘易斯，然后把鼻子凑上酒杯嗅了嗅。刘易斯好气又好笑，二话没说，一把端过酒杯，干了个底朝天，然后又叫人把酋长的酒杯重新满上。这时，酋长再也没什么顾忌了，捧起酒杯一饮而尽。望着笑眯眯的酋长，探险队员们想：这下你不会再难为我们了吧。

第二天，探险船向岸上靠去，谁知苏族人竟又弯弓搭箭，气势汹汹地叫喊起来："我们酋长说了，你们不送礼物，就休想进入内陆地区！"

这突如其来的变化，让所有探险队员都愣住了，刘易斯更是愤怒无比，想不到那酋长会如此狡猾，他立刻命令队员们做好战斗的准备，随时强行登陆。

看着荷弹实枪的探险队员，苏族人不禁有些胆怯了。酋长忙把部下召集起来商量对策。就在这时，刘易斯突然下令，让全体队员朝天鸣枪。震耳欲聋的枪声令苏族人惊慌不已，刚才的威风顿时全无，酋长也被吓得不轻，急忙带着部下，慌慌忙忙逃走了。

刘易斯在陆地上待了几天后，又要上路了。临出发前，他特地跑到苏族人的村落，想与他们握手道别。酋长这时再也嚣张不起来了，他神情沮丧，但眼神中表露出对刘易斯的万分钦佩。刘易斯忽然向手下一挥手，立刻有人抬着几桶威士忌放到酋长的面前，酋长有些纳闷，不明白他们要干什么，只听刘易斯微笑着说："这几桶酒就留给你，从此以后，我们就是好朋友了。"

酋长顿时大为感动，叫人拿出酒杯，倒上酒，喝了一半，然后把酒杯交给了刘易斯，刘易斯想也没想，把剩下的酒喝干了。酋长嘴里咕咕噜噜说了几句，从口袋里掏出一个烟斗，塞到刘易斯的手里。

从那以后，刘易斯的探险队只要到苏族人的地域，就会受到非同一般的欢迎，久而久之，他们之间的友谊变得非常深厚。

1806年9月，刘易斯终于完成了总统交给他的任务，回到了圣路易斯城，他的这次行程长达1.3万公里，被后人称为最具有贡献的壮举。

·雪原惨剧·

为了寻找从大西洋沿北美洲北岸通向太平洋的一条最短的航线，英国探险家约翰·富兰克林率领了一支由138人组成的庞大探险队，于1845年踏上了征程。

富兰克林的船队航行到北美洲北部错综复杂的海峡之中的时候，立即被大片蜂拥而来的冰块包围了起来。船随时都有被浮冰挤碎的危险。就在这时，又刮起了惊人的风暴，不得已，富兰克林只得率领船员弃船跳到冰块上去。

风暴整整怒吼了一夜，第二天一早，富兰克林发现，停泊在浮冰边的船只已全被挤碎了，只剩下一些被打碎的木片和倒在冰上的桅杆。不过，让他感到万幸的是，放粮食的小舢板还在。

怎么办？要想等人来救是不可能的，不能待在这里坐以待毙。于是，富兰克林极目向远处望去，隐隐约约望见几条海岸线和覆盖在上面的冰雪。看到这儿，他立刻把所有人集中在一起，大声地说："要想活下去，我们就得走出去，大家看——"说着，他一指远处的海岸线，"那里就是我们的希望！"

长途跋涉开始了，众人在富兰克林的带领下，顶着暴风雪，在浮冰上拉着小舢板，艰难地行进着。由于天气极其寒冷，大家都被冻得直发抖，但谁也不敢停下脚歇歇，他们知道，如果不运动的话，非得冻死在这浮冰上不可。

那隐约可见的海岸看似并不遥远，但冰上行路极其困难，花了很大的力气，才能前进一小段路。他们走着走着，脚下的冰块突然裂开了，有4个人躲闪不及，一下子掉进了冰冷的海水中，同伴们刚想去救他们，浮冰眨眼就在这几个不幸的人头顶上合拢了。

经过艰难的跋涉，富兰克林和众人好不容易到达了那块陆地。但是，这里没什么值得他们高兴的，因为在这方圆1000公里之内，没有人烟，到处是白茫茫的冰雪。这时，粮食已经不多了，富兰克林鼓励大家，趁着极地黑夜没来之前，赶紧向南前进。

探险队员们把小舢板放在自制的雪橇上拖着，里面装着有限的粮食和器具。每到傍晚，他们就找一个可以休息的地方，然后躲在舢板底下避风，等待天明。

就这样，他们整整走了两个星期，还没能走出这片冰雪天地，但粮食已经吃光了。一天夜里，由于寒冷和饥饿，有两个探险队员相继死去。第二天，富兰克林还像往常一样，叫大家起身，继续前进。到了第三天，他们意外地发现了一个小屋子，那是用从海里冲上来的树干搭成的。看着小屋，众人心里都怦怦直跳，心想：或许里面有人住着，或许里面还有许多粮食……想着想着，大家都不由自主朝那个小屋子跑去。

小屋的门是敞开的，里面空无一人，既没有吃的，也没有烧的，在墙边有一架白熊的骨骼，上面还有一些干燥的熊肉，但这对于几天没进食的探险家们，已是相当不错的了。

分食了熊肉后，富兰克林让大家在小屋过了一夜，第二天又继续朝南走。在接下来的日子里，饥饿严重威胁着众人，他们每休息一次，都有几个人不声不响地死去。最后，138名探险队员都先后倒下，相继死亡，没一个人活着走出去，这里面自然也包括了富兰克林。

这个惨剧是在30年后被人发现的，有人拾到了富兰克林的探险日记，才知道整个事件的真相。

·醉酒渡重洋·

世界上第一个成功进行单身环球探险的，是一个叫乔叟·斯洛卡姆的加拿大人，他不仅是一位杰出的探险家，还是一位整日半痴半狂的醉汉，所以他的一生，在探险界里颇有争议，有人说他是一个超人，有的人却说他是一个十足的疯子。

1858年，父亲把14岁的斯洛卡姆送上一艘海船，希望他长大后能成为一名海上厨师。谁知父亲离开没多久，斯洛卡姆就被赶下了船，原因是他工作时偷偷喝醉了酒，烧的饭菜差点把全船人毒死。

斯洛卡姆带着酒瘾离开了海船，但他从那以后对海洋无比痴迷起来。几年后，他上了另一艘海船当了个下等水兵，由于表现出众，没多久，就被升为二副。25岁那年，他买下了属于自己的第一条三桅船。接着，他又与一位心爱的渔家姑娘结了婚。这段日子里，斯洛卡姆和妻子以船为家，四处游历，日子过得十分逍遥自在。

13年后，斯洛卡姆和妻子驾船到巴西，妻子突然染上了重病，在一个月黑风高的夜晚，永远离开了斯洛卡姆。妻子的离去，对斯洛卡姆是一个极其沉重的打击，他一声不吭，喝了个酩酊大醉，然后发疯似的把船发动，往礁石群里乱开，结果，船触礁了。

过了两年，斯洛卡姆又结婚了。那天，他不知是喝多了，还是为了在新娘面前表现一番，再一次把船开得飞快，只听一声巨响，失去控制的船撞上了沙洲。新娘被吓坏了，从此再也不敢和斯洛卡姆一起出海。不能出海，就等于断了斯洛卡姆的生路，没办法，他只好回到家乡，在一家造船厂当上了一名木工。

斯洛卡姆惟一的精神寄托就是酒，他整天都喝得醉眼朦胧。一天，他又像平常一样，喝醉后来到大海边，眼泪汪汪地凝视着大海的尽头，这时，他的身边正好有一个也喝得半醉的老船长，见斯洛卡姆对大海如此情深，便慷慨地把自己的一条旧船送给了他。

有了船，斯洛卡姆又找回了过去的感觉，他扔掉了酒杯，在长达一年的时间里，不停地修理那艘破船，他还给那船取了个名字，叫“浪花”号。就在这时，他的妻子忍受不住寂寞，离开了斯洛卡姆。斯洛卡姆难过了几天，最后决心做一次没有先例的单人单船环球探险。

1895年4月24日，斯洛卡姆乘上他的“浪花”号，从波士顿出发了。他变卖了所有的家当，买了6只木桶，4只装淡水，2只装酒。船在烟波浩淼的大西洋里慢慢腾腾地行驶着，斯洛卡姆回忆着近些年发生的一幕一幕，不禁悲喜交加，他一边开船，一边大口喝酒，一边放声高唱。18天后，他到达了亚速尔群岛。又过了14天，他在烂醉如泥的情况下，将船开进了直布罗陀海峡。本来他打算驾船穿过苏伊士运河，然后从红海去印度洋，但他听人说，那里海盗非常猖狂，于是他临时改变计划，决定重新越过大西洋，从相反的方向去做环球探险。

经过40天的艰苦航行，“浪花”号到达巴西海岸。这时的船已被风吹断了桅杆，不过，最让斯洛卡姆心痛的是，船上满满一桶酒被海浪卷走了。

没过多久，斯洛卡姆来到了太平洋，从那里，“浪花”号直驶印度洋，接着又进入了大西洋。他在圣赫勒拿岛休息了几天，糊里糊涂买了一只母山羊带到了船上，以为这样自己就有羊奶喝了。可粗心的他却忘记给山羊买牧草了，连日来的饥饿使山羊一滴奶水都没有。斯洛卡姆气得眼睛发直，真想一刀将它杀了，但他一看到山羊可怜巴巴的样子，就想到了自己的遭遇，于是他只得长叹一口气。把船开到一座荒岛，将母山羊留在上面。

接下来的航程依然是一帆风顺，斯洛卡姆还是整天醉醺醺的，他终于在1898年6月28日，到达了美国的罗德艾兰的新港市。他刚一上岸，就成了全美国的风云人物。谁也不敢相信，就是这个醉汉，竟完成了85192公里的单身环球探险。当人们要为他庆功的时候，却再也找不到他的身影，而他此时，却在一家小酒吧里正喝得兴高采烈呢。

·总统探险家·

美国第26任总统西奥多·罗斯福不仅是一位杰出的政治家，而且还是一位热衷冒险的探险家。最让他得意的是，从1914年结束为期两届的总统职务后，对南美洲未知河的探险。

未知河位于巴西内陆，人们之所以称它“未知河”，是因为没有人知道它流向何处，也不知道它终止于哪里。1914年，56岁的罗斯福雄风不减当年，带着为数极少的一些人向它发起了挑战。

探险队员们分乘7艘独木舟，以平均每天32公里的速度，向未知河下游驶去。刚开始几天，还比较顺利，可就在第五天，水面上突然出现了无数旋涡，害得船身在急流的撞击下左右晃动，险象环生。为了大家的安全，罗斯福当即决定，船队停止前进，改从另一条水路航行。

这突变的情况让罗斯福的随从们叫苦不迭。他们只好把独木舟从湍急的河水中弄到陆地上来，再运到另一条水路。陆上运输非常艰难，他们不仅要抬着笨重的船，还必须携带所有的后勤供给。

这次的陆地运船共持续了两天半，探险队好不容易才重新上路。仅仅过了3天，罗斯福又遇到了麻烦：探险队所带的食物已所剩无几。于是他只得再次命令队伍停止前进，就地收集野生食物。命令下达后，丛林里便响起了他们打猎的枪声，几天后，猎杀的动物足足装了一船。

为了把失去的时间夺回来，罗斯福让队员们加快速度，日夜兼程，谁知一场灾难又在前面等着他们。那是一个特大的急流，行驶在最前面的几艘独木舟一下就被吞没了，罗斯福在后面见势不妙，急忙命令剩余的船只后退，但独木舟已不受控制了，转眼冲到了急流前，众人慌忙跳进水里，拼命朝岸边游去，这才算保住了性命。

罗斯福为遇难的队员立了一块碑，默默哀悼了一阵，然后对剩下的人说："大家别伤心了，像我们这样的冒险，死亡是随时都会降临的，虽然我们痛失良友，但这无法阻挡我们的前进。"

探险队员们跟着罗斯福走进了原始丛林里，发现那里到处都是印第安人留下的记号，这让他们整天提心吊胆，怕印第安人会突袭他们。罗斯福对此也心有余悸，经过慎重考虑，他决定不在这片充满危险和敌意的土地上逗留，重新乘坐独木舟从急流中冲下去。

想再从急流中前进，就得重新打造新船。在罗斯福的带领下，众人辛苦了3天3夜，终于造出了几艘独木舟，探险队又回到了急流中。两天后，一条笔直飞泻的瀑布拦在了他们面前，这时，有人提议冒险冲过这个瀑布，罗斯福想了半天，同意了。于是，他们抛掉所有不必要的物品，在急流里整整苦斗了3天，终于一寸一寸把独木舟拽过了瀑布。

虽然不知前方的路究竟还有多长，但罗斯福却始终对未来抱着乐观的情绪。在他的感染下，探险队员们更是精神大振，无论再遇到多么危险的情况，他们都面无惧色，勇往直前。就这样，他们驾着独木舟，乘风破浪，终于走完了未知河的全程。

从那以后，这条长约1000多公里的未知河流便清清楚楚标在了地图上，人们为了纪念做出这一伟大贡献的人，将未知河改名为"西奥多·罗斯福河"。

·深入北极第一人·

挪威探险家弗里多约夫·南森是19世纪之前最伟大的北极探险家。他的探险活动不同于其他人，因为他从不怀商业功利目的，始终把眼光放在科学研究方面。

1893年，南森作了一个大胆设想：北极存在一股由东向西的海流，而这海流很可能会经过北极点；如果把自己冻在某块浮冰上，那就可以不费吹灰之力，到达想去的目的地。

南森是个想得到就做得到的人，正当他在作准备的时候，一些老极地探险家都纷纷来劝阻他，让他别冒这个险。南森只是淡淡一笑，毅然于当年的6月24日扬帆离开了挪威，向西伯利亚海驶去，船上除了他的助手，还有35条拉雪橇的狗。他们作好了充分的思想准备，除了争取到达北极点之外，还将进行一系列的科学观测。

按计划，南森他们在新西伯利亚群岛以北大约北纬77° 44′ 的地方将船冲入浮冰，然后被紧紧地冻住。经过很长一段时间，南森的设想终于变成了现实。在一个寒冷的夜晚，船体被浮冰托起，顺着海流向北极点漂去，一切都同南森事前所料的一模一样。然而，浮冰载着船漂到离北极点约600公里的地方，就停止不动了。这里是北纬84° ，以前还没有一条船能这样轻松到达这么高的纬度。但这里并不是南森定下的目标，他需要的是到达北极点。于是，1895年3月14日，南森又做出了一个出人意料的决定：改乘雪橇走完这最后的路程。

南森乘着雪橇出发了，与他同行的是他的一名助手。船上其他成员都默默站在船边，目送两人远去，他们眼里含着泪水，因为他们不知道南森是否还能再活着回来。

通往北极点的路途上到处都充满着危险，首先是高低不平的道路，然后是冰缝冰裂隙，要不就是冰丘冰山。到了距离目的地只有418公里时，南森和助手再也无力向前跋涉了，他在日记里写道：如此艰难的行程，就是再比我强壮10倍的人也受不了……

不过南森并没有就此放弃，他还是不顾一切朝前走，到达了北纬86° 13′ 6″，创造了新的纪录，成了19世纪中最接近北极点的人。在不知不觉中，北极的春天来临了，冰雪开始融化。这时候，食物逐渐缺乏起来，为了保持体力，南森不得不把拉雪橇的狗杀死，做成肉干，这才暂时渡过了难关。从目前的情况来看，南森知道自己是赶不到北极点了，于是，他和助手商量了一下，决定掉头往南，先到距离他们不足100公里的法兰士约瑟夫群岛。

一天，南森和助手突然看见在一块浮冰上有一只海豹，两人不由分说就扑了上去，用牙咬，用刀子扎，好不容易才杀死它。看着血淋淋的海豹，他们忍不住大笑起来，要知道，他们已经许多天没有见到这么一堆鲜肉了。他们以打猎为生，在自己建造的一幢石屋里住了整整8个月。

一天，南森正在岛上走着，突然听到一声狗叫，起先他以为是自己的幻觉，谁知没过一会儿，又传来了一声狗叫，声音虽然很远，但却清清楚楚。南森和助手对望了一眼，马上反应过来：这附近有人！想到这儿，两人撒腿就朝声音传来的方向跑去，果然，在远处的冰原中间，出现了一个黑影。

南森越跑越激动，他摘下头顶的帽子，拼命挥动起来，那个黑影也像他一样，不停地挥舞着帽子。跑近了，还没等南森开口，那人用一口纯正的英语先向他打了招呼。原来那人是英国探险家，所乘的船不幸触礁了，便到了岛上，没想到竟能遇见南森。

过了一个月，一艘英国的探险船来到了岛边，这船是来接那个英国探险家的，就这样，南森和助手也跟着离开了荒岛，1896年8月3日，他们终于回到了故乡挪威。

南森从此成了深入北极心脏地区的第一人，他也成了世界上第一个验证北冰洋存在由东向西流动的极地海流的人。

·开辟西北航线的勇士·

极地探险家卢阿尔·阿蒙森1872年出生于挪威，他在少年时代阅读了很多航海探险的书籍，并且立下了向前辈学习、做个极地探险家的远大志向。为了实现自己的梦想，他毅然从大学里跑了出来，到一艘捕海豹的船上去当水手。他以惊人的毅力，迅速地适应了环境，掌握了水手的全部工作要领，获得了丰富的航海经验。

阿蒙森很早就有开辟北冰洋西北航线的计划，为此，他又专程到德国学习了半年有关地磁观测和分析的方法，回国后借钱买了一艘不大的旧船，取名“约阿”号，找了6位志同道合的水手，于1903年6月16日开始了他在北冰洋寻找西北航线的探险。“约阿”号穿过北大西洋，顺利地来到了北美洲北部的海峡。

这天，“约阿”号正在行驶中，海上突然刮起了可怕的狂风，平静的海面一时间喧嚣翻腾，巨浪一个接一个冲向“约阿”号，只听“轰”的一声巨响，船撞在一块岩石上，副龙骨被撞成碎片，受伤的船体开始左右摇摆。

就在这千钧一发的时刻，突然，前面的一名船员惊叫起来：“前面有暗礁！”话音没落，“约阿”号已在巨浪的推动下，向暗礁撞去，想躲都来不及了，吓得所有人都绝望地闭上了双眼。就在“约阿”号冲向死亡的时候，奇迹出现了，被巨浪高高举起的船体，借着惯性，竟从暗礁上“飞”了过去，奇迹般地化险为夷！

不行，必须找到一条出路！阿蒙森心里清楚，周围还有数不清的岩石和暗礁，如果不冲出这个密布着死亡陷阱的海域，还将会面临死亡的厄运。想到这儿，他发出了命令：“赶紧调转船头！”

就这样，“约阿”号在经受过无数次难以想象的考验之后，终于进入了一个较为平静的海域。这时已是9月份了，北极漫长而寒冷的冬季也已来临，“约阿”号实在无法再继续航行，阿蒙森便在附近找了个小岛，让“约阿”号在这个地方抛锚停泊，打算等到海上浮冰融化后再航行。这个小港湾后来被称为“约阿港”。

阿蒙森一行好不容易熬过冬天，但令他们没料到的是，第二年夏天气温偏低，浮冰竟没有融化，船还是没有办法起航，阿蒙森和他的船员只得留在原地度过第二个冬天。

再次熬过漫长的极地冬夜，1905年的夏天终于来临。这一年的夏天要比上一年暖和得多，白茫茫的冰海渐渐解冻了。8月13日，“约阿”号驶离了约阿港，又开始了向西的航行。

经过一段比较顺利的航程之后，“约阿”号进入了一个布满岛屿、暗礁和海峡的复杂水域。水道像迷宫似的，常常叫人弄不清该往哪里航行，这不禁让阿蒙森心急如焚，因为时间对他来说是极为宝贵的，要是走不出这迷宫似的地方，短暂的夏季一过，大海又要冰封，航行就又要中断了。

为了尽快走出“迷宫”，阿蒙森整日整夜地守在瞭望台上，指挥船只小心地在各个岛屿中向西驶去。经过半个多月的艰苦航行，“约阿”号总算走出了迷宫，展现在他眼前的是一片广阔的海面。

“约阿”号没走多远，他们又面临着北极的第三个冬天，海面上的浮冰也越来越多，船再也无法航行了，不得不停航靠岸。

等到海上的浮冰融化时，已是又一年的8月了，“约阿”号又起航向西行驶。一个月后，阿蒙森终于望见了连接两个大洋的威尔士太子角，“约阿”号马上就要进入白令海峡，并将穿越海峡进入太平洋！船上所有人都兴奋不已。三年来的艰难困苦将换来辉煌的硕果，几百年来探险家没有实现的愿望将由他们变成现实！

几个小时后，“约阿”号穿过了白令海峡，到达太平洋东北岸的诺姆城。岸上挤满了前来迎接的人，他们唱起挪威的国歌，用极其隆重的仪式热烈欢迎“约阿”号，热烈欢迎开辟从大西洋经北美洲北部海域到太平洋的西北航线的勇士们。阿蒙森一行也成为沿北冰洋整个海岸线环球航行的探险家。

·北冰洋底的旅行·

随着人类从陆地、高空不断征服南北极，一个新的设想又诞生了，那就是究竟能不能从海底到达北极点。于是在1958年，美国海军派出了人类历史上第一艘核潜艇“鹦鹉螺”号，从海底秘密向北极点潜航。这个行动就交给了热衷冒险的安德森中校。

“鹦鹉螺”号经过11天的航行，到达了北冰洋的边缘，随后它便下潜到100米的深处，进入了一个阴冷死寂的冰下世界。为了缓和潜艇里紧张的气氛，安德森把全体船员召集在一起，举行了一个特别会议，议题是进行一场北极冰下横渡纪念旗的设计比赛。船员们果然一个个兴致勃勃，全都开动脑筋，仿佛已经忘却了自己正置身于一个死寂的世界。

这时，潜艇以每小时34公里的速度前进着，它已距出发地4896公里了，这是人类航海史中少有的纪录，即使是高速的海面船只，也极少能和它相比。

几天后，“鹦鹉螺”号进入了楚科奇海，它的前进速度降为每小时27公里。这天晚上，安德森心情格外地轻松，因为他们到了北纬70° 05′的地方，对这个成绩，他相当满意。透过观察窗，他仔细观看着浮冰的底部，那里到处都是污浊不堪、凹凸不平而且面目可憎的情景，和露在天空下的光滑平坦、银光灿烂的表面完全不同。

绕过了一座座冰山，安德森发现海床越来越浅，他希望能找到一条通往北极的海底峡谷，但冰山不断地增加，而且个个奇形怪状，有的甚至比石炭还黑，整个海底简直变成了一个迷宫，这下可让他伤透了脑筋。

两天过去了，“鹦鹉螺”号依然什么也没发现，安德森认真考虑了片刻，决定放弃由西边进入北冰洋的计划，改由从东面行进，希望在那里寻找到进入北冰洋的突破口。功夫不负有心人，安德森终于在东面的巴罗海下面找到了一个海底隘口，他急忙命令潜艇从那里驶进去。

进去之后，大家发现那里的海床变得更深了，好像根本就到不了底，他们知道，在自己的上方便是千年不化的冰盖，一旦潜艇失事，就是有通天本领，也上浮不到海面，获救的希望几乎是零。船员们的顾虑被安德森一眼就看出来了，他微笑着说：“别慌，越是在这种危险的地方我们越要冷静，胜利肯定是属于我们的。”说完，他亲自来到驾驶舱，指挥“鹦鹉螺”号左闪右拐，奔向正北方。现在距北极点只剩1970公里了。

在安德森的感染下，船员们再也无所畏惧了。他们不管头顶的冰层有多厚，脚下的海盆有多深，只顾一个劲儿往前开，几天以后，他们驶过了北纬84°。由于靠近北磁场，潜艇上的磁罗盘已不再准确，他们便启动了新设计的回旋罗盘来测定方位。

在“鹦鹉螺”号离开出发点的第九天中午11点时，潜艇的播音器里忽然传来了安德森略为失常的声音：“各位弟兄们，我们现在距北极点只有0.8公里了。我提议大家做短暂的沉默，以迎接这个光辉时刻的到来；同时我建议大家一起祈祷，向所有在这条路上艰难迈进的先驱者，献上最诚挚的敬意，不论他们成功了，还是失败了。”过了15分钟，“鹦鹉螺”号便代表美国海军缓缓驶过了北极点。为此，当时的美国总统艾森豪威尔特地授予这次行动的大功臣安德森一枚丰功勋章。

从此，北极点再也不是人类的禁区了，不管是从空中、水上、陆地，还是冰底，人们都可以凭借智慧和毅力通过那里。

·独身闯北极·

1978年1月30日，日本探险家植村直已从日本羽田机场飞到温哥华，于2月下旬到达加拿大埃尔斯米尔岛最北端的“极光基地”。他要从这里独自一人驾着狗拉的雪橇，开始征服北极的行程。

最初几天，由于乱冰横生，植村直已走得并不很顺利。一天凌晨，他刚刚闭上眼，就听到帐篷外一片狗叫，接着传来沉重的脚步声和粗大的喘气声。植村直已吓得大气也不敢出，知道帐篷外来了北极熊。虽然这次探险他带了防身用的来复枪，可枪里还没来得及装子弹。

北极熊在外面撕咬着狗食箱子，折腾了好一会儿，还没有离开的意思，反而转过身子，对着帐篷又扯又啃起来。植村直已一动也不敢动，心一下提到了嗓子眼儿，一旦被那凶恶的家伙发现了，后果将不堪设想。

幸好，北极熊乱拱了一阵就转身离开了。植村直已竖着耳朵，听着脚步声渐渐远去，急忙爬出睡袋，拿起来复枪，慌慌张张装上子弹，朝已到百米开外的北极熊开了一枪，但没射中，北极熊受到惊吓，跳进海里逃走了。

第二天，极地起了大雾，植村直已没法继续前进了，只好在帐篷里躲了一天。傍晚的时候，他正准备烧饭，狗又叫了起来，他毫不犹豫地端着枪冲进帐篷。果然又是昨天那个家伙，它正熟门熟路地走向雪橇。植村直已抬手一枪，打中了它的腿，第二枪便结果了它的命。

大雾消散时已经是第三天的中午，植村直已驾着雪橇上路了。起初，路还算好走，可没过几天，便遇到了狂风，接着又是恐怖的大雪暴，这让他不得不暂时停止跋涉，钻进帐篷里。一连几天，雪暴都没有停止的意思，那些拉雪橇的狗也全躲进帐篷。它们已经好几天没进食了，一个个用眼睛直勾勾地望着植村直已。自打狗躺在自己身边，植村直已从没敢合过眼，它们那蓝幽幽的眼睛直直地盯着他，这不由使他浑身发颤。他知道，这些狗都饿坏了，随时都会野性大发，搞不好会把自己撕成碎片，因此植村直已一直手不离枪，以防狗突然向他袭击。

雪暴终于停了，基地派出的飞机来给植村直已进行了一次补给，这才解除了危机。狗吃饱后，一个个精神大振，拉着雪橇一阵猛奔，转眼就跑了几十公里。

这天，狗拉着植村直已到了距北极点100公里的地方。扎完帐篷后，植村直已越想越激动，再过两天，自己就能站在北极点上了。正想着，只听身后一声巨响，一条大裂缝几乎要把帐篷撕成两半。他来不及多想，赶紧跳上了另一块浮冰。等他清醒过来，不禁大吃一惊，原来他跳上的这块浮冰正在向一片海域漂去。

这可怎么办？眼看自己离岸越来越远，植村直已急得满头大汗，他慌忙将滑雪杖当船桨使，可忙了半天根本无济于事。就在这个时候，海的中央奇迹般出现了一群逆戟鲸，它们被这浮冰上的人和狗吸引住了，老是把头探出水面，由于它们都在同一个方向用力，居然把浮冰推到了岸边。植村直已又一次得救了。

在这之后，植村直已还遇到几次危险，但大都是有惊无险，被他一一化解了。1978年4月30日，他开始了最后的冲刺，面对马上就要迎来的胜利，他心情无比激动，狗拉雪橇在平坦的冰面上飞驰，快得简直有些出乎人的意料。当天下午6点30分，日本国旗第一次在北极点上迎风飘扬起来，望着它，植村直已的泪水忍不住落了下来。

·发现南极大陆·

1819年，美国康涅狄格州的海豹捕猎者纳撒尼尔·帕尔默在跟人闲聊时，听说在南极圈附近有许多海豹和鲸鱼。他不禁怦然心动，立刻去买了一份世界地图，目光在南方那块神秘的土地停留了很久，最后自信地对人说："我敢肯定，那里不但有海豹，而且还有数不清的黄金。"

帕尔默花钱买了艘机帆船，取名"英雄"号，又招募了几位船员，在众人的嘲笑声中，向南方出发了。然而等他好不容易赶到那里，才发现那里并不是自己所想象的那样，不要说黄金，就连海豹都没见到几个，他在大洋中徒劳游逛了近一个月，几乎是一无所获。

一个月黑风高的深夜，帕尔默突然从船舱里钻了出来，边跑边连声惊叫，命令船员加速向南行驶。船员们都纳闷极了，不知道他为什么要向南驶，便纷纷询问他。谁知帕尔默一本正经地说："刚才我做了一个梦，梦见上帝对我说，就在前面有个大的海豹猎场。"

帕尔默的这番话先让所有人一愣，随即缓过神，全都哈哈大笑起来。闹了一会儿，大家各就各位，照帕尔默的吩咐将船驶向了南面。就在天蒙蒙亮的时候，一片模糊的黑影出现在晨雾中，帕尔默急忙用手一指，颤声叫了起来："海豹！海豹！"

"英雄"号离黑影越来越近了，帕尔默不禁目瞪口呆，原来那些根本不是什么成群的海豹，而是一片荒凉无比的陆地。他先是失望了一阵，忽然转念一想，那块陆地上会不会埋藏着黄金？一想到黄金，帕尔默又来劲了，忙叫船靠岸登陆。

帕尔默带着船员在冰雪里挖掘了几天，只刨出几块普普通通的石头。这时，船员们再也忍不住了，开始大吵大嚷起来，要求返航回家。帕尔默实在拗不过他们，只得答应。但他最后提出一个要求：在返航之前到岛上最高端瞭望一下。

船员们一声不吭跟着帕尔默爬上了一座高峰。帕尔默举起单筒望远镜朝周围的海洋环顾了一圈，忽然失声叫道："我的上帝啊，原来埋藏黄金的地方在那里！"说完，他把望远镜交给了船员。将信将疑的船员往帕尔默手指的地方一望，也大吃了一惊，因为在远处出现了一片连绵起伏的山岳地带。那正是南极半岛。

看着船员们吃惊的模样，帕尔默得意地说："我们到那里去宣布该地属于美国所有，政府不就会给我们黄金了吗？这不比猎杀海豹更容易发财吗？"

这话的确是有道理，因为在过去有过这个先例。于是船员们再次听从了帕尔默的指挥，回到船上，向那片群山驶去。而这时，突然飘来一阵浓雾，"英雄"号被大雾笼罩起来，辨不清方向了，只好在大洋里随风漂泊。

这场浓雾持续了半个多月，还没有消失的意思，而船也不知到了什么地方。这一天，心急如焚的帕尔默无意之中拉响了汽笛，没想到，浓雾里竟传来了回音。难道已到陆地了？他让船员们做好登陆的准备，接着又拉响了汽笛，果然，汽笛声没停，回音再次传来。

浓雾奇迹般地散去了，帕尔默望着眼前的景象简直不敢相信自己的眼睛："英雄"号面对的根本不是什么大陆，而是两艘大帆船。当他手忙脚乱挂起美国国旗时，对面的两艘大帆船也分别挂上了俄国国旗。原来这两艘船是沙皇亚历山大一世派遣的南极考察船。

一个小时后，帕尔默登上俄国的考察船，双方都感到不可思议，竟能在冰山不绝、荒无人烟的南极海相遇。在当天晚上的宴会上，帕尔默对他意外发现的群山守口如瓶，一个字也不提，而俄国人也小心翼翼，对远方群山的事一味装傻。

直到今天，人们还在为究竟是谁第一个发现南极大陆而争执，有人说是帕尔默先发现的，有人说是俄国人先发现的，到底是谁，没有人能说清楚。

·假冒诏书闯“魔海”·

英国的猎海豹船“珍妮”号在船长詹姆斯·威德尔的率领下，于1821年到南极海域捕获了不少海豹。为了能有更大的收获，第二年，威德尔又带领“珍妮”号驶向南极海域。

由于第一次的成功，威德尔对此次航行并不太在意。他把自己关在舱里，整天喝得酩酊大醉。“珍妮”号在驶到南奥克尼岛登陆休整时，他更是长醉不醒，随从们多次劝他早一点起航，以免错过捕猎季节，但他总是摇头不置可否。见船长都不慌不忙，船员们也不去费神了，开始跟着狂食滥饮起来。

时间一天一天过去了。一天晚上，威德尔难得清醒过来，他点了点库房里的燃料和食物，发现所剩无几，这让他不禁大吃一惊，急忙抬头看看日历，离出发的日子已过了两个月了。这还得了，再这样下去，别说猎海豹，就是连海豹的影子都见不到了。威德尔用手抹了一把头上的冷汗，匆匆把喝得烂醉的船员们叫醒，接着拉响汽笛，启锚向东南方飞驶而去。

南大洋的劲风冷得让人难以忍受，但威德尔胸有成竹，因为这一带海域对他来说真是轻车熟路。只是南半球的冬季已经来临，第一次的海豹捕猎场现在除了密布的冰流之外，已见不到一只海豹，这让他忧心忡忡。在这种情况下，已别无他法，只能继续向前寻找新的海豹捕猎场。

“珍妮”号越往前，冰流越多，而绿色的海水也变成了恐怖的深蓝色，但还是见不到海豹的影子。许多船员都失去了信心，嚷着要回家，威德尔当然不肯空手而归，说什么也不同意返航。随着争执越来越激烈，一些船员叫起来："他不同意，就把他关起来，我们来接管'珍妮'号！"

面临这众叛亲离的局面，威德尔忽然灵机一动，大声高喊："你们知道我们这次远征的目的是什么吗？表面上我们是来捕海豹，其实我是受女王命令来探察南极海域的！"

一听这话，船员们顿时安静了下来。威德尔见目的达到，又接着说："如果你们不相信，那我把诏书拿给你们看。"说完，他转身回到舱里，时候不大，拿着一张羊皮纸走了出来，严肃地宣布道："兹命令威德尔率'珍妮'号驶向南极，以完成大不列颠王国的光荣使命。"

船员们目瞪口呆，个个凑上前去瞅那张羊皮纸，只见在两三行正正规规的文字下面，有一个花体字的签名。这到底是伊丽莎白女王的旨意，还是英国政府的决定？船员们谁也不知道，也不敢打听，只得垂头丧气回到各自的岗位上。直到这时，威德尔才长长吐了一口气，那所谓的诏书不过是他刚才仿冒的。

既然谎话已说出来了，就要不动声色把它继续下去。于是威德尔命令把船朝南方海域驶去。说来也怪，原先阴暗的天空忽然出现了金灿灿的阳光，而海面上一直密布的浮冰流也向两边避开，形成了一条宽阔的水道。威德尔心里暗暗高兴，马上喊道："全速前进，我们的任务就快完成了！"

一时间，船员们意气风发，顺着那条水道将船开得飞快，直到被巨大的冰山挡住去路才停下来。威德尔看看差不多了，便下令返航。在回去的路上，船员们挂起了英国的国旗，同时点燃了礼炮，来庆祝此行所取得的成绩。其实他们谁也没想到，他们航行到了南纬74° 15′，竟比大名鼎鼎的探险家库克的南极之行还远380公里。

虽然威德尔这次连一只海豹都没捕到，但回国后还是受到了英雄般的欢迎。为了纪念他，人们把他凭假诏书闯荡过的海域称为"威德尔海"。后来，这个"威德尔海"又被人叫做"魔海"。

·决战南极·

1831年，北磁极被发现以后，德国大数学家卡尔·高斯科学地预言：在地球的南端，也应该存在着与北磁极相对应的南磁极。

从1838年到1843年，法国、美国、英国先后派出探险队前往南极，试图找到南磁极，最后都失败了。1909年1月26日，英国沙克尔率领的探险队找到了南纬72° 15′ 的南磁极。但实际上，磁极的位置是在不断变动的，它沿着一个规则的“8”字形轨道移动。在这个轨道中，有一个“极点”，即地球自转轴的最南端，它是南半球所有经线的汇聚点，位于南纬90° 。

挪威探险家阿蒙森，花了整整4年时间，精心组织了一次征服北极点的探险活动。就在他准备出发时，突然传来了美国人抢先到达北极点的消息。

阿蒙森惊呆了：“上帝呀，难道我4年的辛苦就这样白白地抛掉了吗？”

探险是阿蒙森最喜爱的事业，他绝不会轻易放弃。1910年6月，他听说英国人斯科特率领一支探险队，正启程前往南极寻找南极点。

这个消息使阿蒙森又一次兴奋起来：“我一定要第一个找到南极点，和斯科特一试高低！”

1910年8月9日，阿蒙森率领着“先锋”号船只离开挪威，开始了寻找南极点的艰苦行程。4年的苦心经营使得阿蒙森的探险队具备极其强大的实力，尽管他比斯科特迟了两个月启程，但却比斯科特更早到达罗斯海东岸的鲸湾。

1911年1月26日，阿蒙森探险队在鲸湾建成了一座营房，命名为

“先锋者之家”。2月4日，斯科特探险队也来到了。双方友好地相互问候，但实际上，彼此心照不宣的竞争正式揭开了序幕。

两支探险队为了等候最适宜探险的日子，都忍着严寒在南极过冬。10月，探险的适宜季节终于来临，气温升到零下22摄氏度，南极的夏天开始了。

10月20日，阿蒙森带领4名队员、52只爱斯基摩狗抢先出发了。出发之初，是一望无际的平坦冰原，探险队员乘着狗拉雪橇顺利前进了100多公里，再往前就到处是陡峭的冰山和深不见底的冰谷。劳累的狗群再也不能载人越过深谷了，而且狗的胃口越来越大。

阿蒙森明白，探险的路程来回还有1800公里，若把粮食吃光，把时间花费在寻找食物上，那样3个月内赶回基地的计划就会落空。他果断地命令队员们杀一批狗。他说：“杀掉一些狗，既可以减少饲料消耗，又可以把狗肉藏在冰窿里，当做回程路上的补充食物。”他们走一段路杀一批狗，最后留下18条最强壮的爱斯基摩狗。

11月1日，斯科特探险队也踏上了征程，他们的阵容远比阿蒙森队强大。斯科特把队员分成一个极点探险队和三个支援队，加上一群西伯利亚矮种马和三辆摩托化雪橇，浩浩荡荡向极点进发。反复无常的气候，使摩托化雪橇时常熄火；崎岖不平的冰面，又震得摩托化雪橇几乎散了架，斯科特只好忍痛把它丢弃在冰原上。西伯利亚马毕竟抵御不住南极的寒冷，它们开始浑身打颤，口吐白沫，不愿进食。斯科特用毛毯裹住它们的身体也不起作用，不久，好几匹马倒地死去。

不到5个星期，他们就不得不把剩下的马都杀掉作为食物来充饥。面临困境，斯科特集合全体队员，坚定地宣布以人代马，拉着雪橇前进。他们就这样一步一喘气地与阿蒙森争夺南极极点。

在斯科特探险队遇到巨大困难的时候，阿蒙森探险队也被频繁的暴风雪所困扰。但是，抢先到达极点的强烈愿望，促使他们把一切艰难险阻都抛在身后。

11月19日，阿蒙森探险队终于登上极地高原的顶部，海拔3340米。阿蒙森知道，南极点就在这个极地高原的中心，下一步的工作就是在这个高原的顶部找到他们梦寐以求的目标。

12月13日，阿蒙森从测量器上看到他们已经到达南纬89° 45′，他掩饰不住内心的激动，向队员们大声宣布："大家注意，我们现在距离南极点已经非常接近，再往前走一段，我们就成功了！今晚大家好好休息，保持体力！"

第二天，探险队向南前进了几十公里，阿蒙森突然兴奋地大叫起来："到了！到了！就在这儿！"他们终于找到了南极点——南纬90°，海拔3360米。

为了证明他们确实到达南极极点，他们还向四周走出不同的距离，进行了连续几个小时的观测，最后计算出南极点的精确位置。在离开南极点之前，他们在挪威国旗下的帐篷里留下了两封信，一封给挪威国王，另一封给正在行进中的斯科特，请他们将信转送给挪威国王。谨慎的阿蒙森知道，他们虽然成功了，但返回营地的征途仍然充满着艰险，他必须做好遇难的准备。

1912年1月25日，他们安全返回"先锋者之家"。这一去一回，他们走完了2800公里的艰苦路程，取得了首次发现南极点的巨大成功。5天后，全体探险队员乘坐"先锋"号踏上了归途，半年后安全返回挪威，受到了前所未有的热烈欢迎。

而英国探险家斯科特却没有阿蒙森那么走运，他付出了艰苦卓绝的努力也到达了南极点，但却比阿蒙森迟了一大步。更加不幸的是，在返回的途中，由于食物匮乏、天气恶劣，斯科特和他的队友们带着遗憾葬身冰原，为人类的探险事业悲壮捐躯。

·和死神赛跑·

1912年1月，澳大利亚探险家道格拉斯·莫森和一位英国探险家及一位瑞士登山家组成了一个探险队，计划对南极的内陆进行一番考察。

3人驾驶着一艘名叫“北极光”的船，沿着南极大陆海岸向东进发，在康蒙维尔斯海湾的狄尼逊岬建立了基地。在那里，他们对有关南极的气象做了连续10个月的考察，然后才朝内地挺进。

他们分乘在由17条狗拉的雪橇上，飞快地向前行驶着，可雪地上到处都是危险的裂缝，所以他们一直都提心吊胆，生怕一不小心掉进去。这天中午，走在中间的莫森看见最前面的瑞士同伴高高举起了手上的滑雪杖，这是他们预先约好的信号，表示前面有冰川的裂缝，于是他也举起滑雪杖，向身后的英国同伴发出信号，就在他转身的一刹那，突然发现那个英国同伴不见了。

这时，前面的瑞士同伴也已发现了这个情况，急忙跑回来，和莫森一起慢慢往回找去。走了没多远，他们听到一声微弱的狗叫声，顺着声音，他们来到一条深不见底的大裂缝前，看来那个英国同伴已掉进里面了。

莫森拿出一根长绳子放进裂缝里，试图测测里面究竟有多深，然而，绳子放完了，还没到裂缝的底部，于是他和瑞士同伴在裂缝边等了起来，希望能看见英国同伴从里面爬出来。两天过去了，裂缝里什么也没出现，最后就连那条受伤的狗也停止了哀鸣。

奇迹是不可能出现了，莫森和剩下的惟一同伴商量了一下，决定返回基地，因为这次探险所带的食物大部分都在那个英国同伴的雪橇上，两人剩下的食物已不够坚持到终点了。从这里到基地还有500多公里，他们还没有走上一半，食物就吃完了，没办法，他们只好把狗杀死，用狗肉来维持生命。

为了尽快返回基地，两人脚步飞快，但由于食物的缺乏，再加上恶劣的气候，那名瑞士同伴病倒了，最后也抛下莫森，永远离开了这个世界。

两个同伴的相继去世，对莫森是个沉重的打击，他怀着无比悲痛的心情，孤独地在南极冰原上走着。这时距基地还有200公里左右，为了减轻雪橇的重量，他把雪橇切成一半，除了留下必需的生存物资，其他东西全都抛弃了。即使这样，他一天也只能走上10公里，因为他的脚已被严重冻伤，肿胀得十分厉害。根据目前的情况，莫森心里非常清楚，自己能回到基地的希望几乎为零，但他决不会因此停下脚步，轻易向这茫茫雪原妥协。

食物完全吃光了，莫森开始吃身上所有能够下咽的东西，靴子、羊皮袄，甚至雪橇上包着的皮套，都被他撕成碎片塞进嘴里，令人无法想象的是他竟能凭此支撑了两个星期。就在莫森完全绝望的时候，他突然发现地上有一堆人为堆起的石块，这说明有人在这底下埋了食物！他用尽了身上所有的力气去挖，果然挖出来少量的食物，并且还看到了一张极其简短的便条。便条是那些前来接应他的搜寻队员留给他的，上面说：在前面40公里的地方有一个补给站。

吃过食物，莫森美美睡了一觉，感到体力恢复后，他又朝前走去，当天晚上，他就到了便条上指明的那个补给站。莫森激动得泪水直流，他对着天空发疯似的喊了起来：“我没死，我没有死！”

5天后，莫森终于回到了狄尼逊岬基地，那里正有许多搜寻队员在他的“北极光”号上等着他，他们像欢迎英雄一般把莫森高高举起来，由衷地为他感到骄傲。

1929年，莫森又一次返回到南极，终于为澳大利亚建立了第一个常年科学考察站。

·“魔海”逃生·

1914年12月5日，一支名为“大英帝国南极横穿队”的探险队从大西洋南部的南乔治亚岛启锚，向南极的威德尔海驶去。这支探险队指挥者是探险家欧内斯特·沙克尔顿。

由于威德尔海的整个海面全被冰山和浮冰群封锁，是一个人迹罕至、船只难以靠近的海湾，所以它又被人称为“魔海”。为了征服它，沙克尔顿整整准备了5年，他打算从那里到达南极冰架，再进入罗斯海。

当探险船到达威德尔海域的第二天，就遇上了流冰群，但沙克尔顿毫不在乎，命令船全速前进。就在这时，负责瞭望的水手突然高喊道：“冰山！前面有好多冰山！”沙克尔顿急忙走上瞭望台，眼前的景象不禁让他倒吸一口冷气，只见远处成队的冰山正纷纷朝外海移来。

在沙克尔顿的指挥下，探险船员使尽了浑身的解数，驾船迂回曲折地在冰山之间穿行着，然而半个月后，船的周围已没有了水路，全是密密麻麻的大小冰块，想再朝前行进一寸，都是不可能的了。沙克尔顿无奈地摇了摇头，看来探险船完全被这“魔海”俘虏了。

这时，沙克尔顿的探险船方位是南纬76° 34′，这是迄今为止人类在威德尔海到达的最南位置，那里距南极冰架只有20多公里。但沙克尔顿不敢直接登陆到那里，因为在船的四周到处都是冰裂缝，他惟一的希望是在隆冬来临之前海面全被冻结，这样他就可以安全走到冰架上了。

沙克尔顿本来计划得好好的，眼看隆冬越来越近，谁知忽然漂来一块约5平方公里大的冰块，它紧紧挟持着船体，慢慢向西北方向挪去，本来隐约可辨的冰架变得越来越远，到最后竟踪影全无。沙克尔顿急了，忙命令水手们努力把船往回开，但此时一切都晚了，浮冰已经将船围得密不透风。

就在水手们束手无策的时候，只听沙克尔顿一声大喝，飞身跃下船，手持利斧用力砍向冰面，水手们不禁心里一喜，拿起铁镐也纷纷出动。经过整整一天的努力，一条30米长的水路凿了出来，离最近的有海水流动的海面只有70米远了，于是大家停工休息，打算第二天再继续干。岂知他们第二天醒来一看，原先凿开的水路竟又被浮冰恢复原样了。

人工劈路的做法只好就此作罢，沙克尔顿也没了主意，想来想去，他决定在这个神秘的威德尔海过冬，等来年看情形再做打算。

南极的冬天长得简直要让人发疯，直到第二年的7月底才结束，大块的浮冰开始融化，等待已久的探险船终于能再次上路了。沙克尔顿知道，在南极，时间比黄金宝贵得多，要是不抓紧，又会遇上去年的情况，他让船加足马力，以最快的速度向前冲。

8月、9月眨眼就过去了，一路上平安无事，眼看胜利在望，沙克尔顿心里不禁激动起来，想不到“魔海”终于要被自己征服了。就在他暗自得意之际，一块大得吓人的浮冰悄无声息撞在了探险船的船腹。“魔海”的海水哗哗地涌进了船舱内，时间不长，探险船就翘起了头。

这突变的情况让船上的人一下就蒙了，顿时乱作一团。沙克尔顿也没料到会这样，他听着船底不时发出铁断木裂的声响，知道探险船的末日快到了，他当机立断，赶紧让水手们把救生艇、雪橇、食物等一些能搬得动的全搬到附近的冰面上。

几个小时后，当沙克尔顿和水手们刚刚忙完，探险船就被“魔海”吞没了，他们呆呆地望着海面，心里百感交集。现在船没了，希望也跟着破灭了，就连是否能生存下去都成了问题。沉默了半天，沙克尔顿把心一横，斩钉截铁地说：“朝前走，就是死也不能死在这个鬼地方。”

雪地跋涉时时都暗藏着危险，但求生的欲望迫使沙克尔顿一行人勇往向前。他们克服了许多常人难以想象的困难，用了大半年的时间，终于逃出了“魔海”的浮冰群，来到了宽阔的大洋中。一个多月后，另一艘船碰巧路过这里，就这样，沙克尔顿他们得救了。

虽然沙克尔顿没能完成最初的计划，但他回国后，还是被人视为英雄，因为他创造了人类挑战极限的奇迹。

·妙计化冰封·

1914年12月5日的上午，天色阴沉，乌云低垂，眼看一场暴风雨就要来临，但在英国爱伦港上，许多人还在振臂欢呼，对这突变的天气毫不在意。的确，这是个值得纪念的日子，因为万人崇敬的探险家莫多克·谢克尔顿将率领他的“勇敢”号前往南极探险。

随着一声长长的汽笛声，“勇敢”号缓缓驶进了大海，虽然前途充满了危险，但船上的每个人都精神抖擞。他们相信，不管在什么时候，只要有谢克尔顿在，就没有克服不了的困难。

谢克尔顿真是幸运，出发以后，天天都是难得的好天气，一望无际的海面上风平浪静，成群的鲸鱼不时在船边喷水戏耍，这一切都让人心旷神怡，他们好像不是去探险，而是到大海上旅行度假。

这一天，“勇敢”号驶进了流冰群，谢克尔顿知道距目的地已经不远了。果然，在观察台上负责瞭望的船员突然兴奋地喊道：“我看见南极大陆了！”谢克尔顿急忙拿过望远镜，朝远处望去，只见前方有一片白色的陆地和海岸紧紧相连，缓缓的斜坡高出海平面三四百米。毫无疑问，前方就是南极大陆了。

眼看胜利在望了，船员们把船开得飞快，发起了最后的冲刺。没过多久，“勇敢”号便抵达了连接陆地的冰壁。谢克尔顿仔细看了一下周围的环境，发现在冰壁的下面铺满了流冰，这让他不禁担忧起来：一旦风向变了，探险船随时都有被这冰壁和流冰撞破的危险，此地是不能久留的。

想到这儿，谢克尔顿四下环顾了一圈，见远处山麓下有码头式的冰块，它大得足以能停泊两艘“勇敢”号。更妙的是，那里竟有一条

“路”，可以从上面毫不费劲地爬到冰山顶。这真是天赐的最佳登陆点！谢克尔顿心里暗自高兴，他把手一挥，大声命令道：“调整船舵，向那里进军！”

可是，当船驶近一看，所有人全都傻眼了，这冰山绝壁原来是一条冰河，约有30公里宽，上面到处都是张开的裂缝，裂缝里结满了横七竖八的大冰柱。要想从这条冰河上向前赶路，那简直就等于自杀。这个意外让谢克尔顿失望极了，只得再次下令，将船掉过头往南方开，到那里看看有没有别的登陆点。

没了目标的“勇敢”号在冰海上乱闯了一阵，无意之中竟误入了重重的流冰群里。这里厚冰叠结，浑如一盘，探险船再也无法前进了，众人只能眼睁睁看着周围漂来的流冰迅速连接在一起，把船结结实实冻在中间。

怎么办？所有人都把目光投向了谢克尔顿，想知道他有什么好主意能摆脱这种欲进不能、欲退不得的局面。只听谢克尔顿大喝一声：“拿铁镐，下去破冰劈路！”说完，带头跳下船。船员们相互望望，目前也只有这个办法了，于是他们一齐出动，使出浑身的力气奋勇挖冰。可挖了一会儿，他们就知道这根本无济于事，因为才挖出的冰缝很快又被冻住了。

完了！所有人都彻底绝望了，有的人甚至哭出了声。谢克尔顿一言不发，转身进了船舱，把自己锁了起来。接下来的一天时间，冰海上除了呼呼的寒风怒号，没有一个人说话，全都在默默等待着死亡的降临。

第二天一早，谢克尔顿终于走出了舱门，只见他面带笑容，一副胸有成竹的模样，船员们不禁心里怦怦直跳，看他的样子，像是想到了什么好办法。果然，谢克尔顿开始下命令了，他吩咐船员去把船上的煤渣和锅炉烟道中的黑灰统统倒在冰面上。船员们都迷惑不解，不知道这是什么意思，谢克尔顿却卖起了关子：“等着瞧吧，到时候就知道了。”

根据谢克尔顿的指示，船员们铺成了一条长约2000米、宽10米的黑色大道，当阳光洒在上面时，奇迹果真出现，铺有煤渣的冰面开始慢慢融化了，这种情况让所有的船员都目瞪口呆，此时，谢克尔顿才笑着说："现在明白了吧，黑色吸热，经太阳一晒，当然要化了。"

船员们恍然大悟，"勇敢"号在一片欢声笑语中终于摆脱了冰层的困扰，又踏上了征服南极的征途。

·飞抵南极点·

1929年，美国海军中校瑞查特·伯德驾驶飞机成功地到达了南极点，这标志着从此以后，极地探险科学时代的来临。

为了进行广泛的地理及地质调查，伯德和两名队员于1929年11月29日进行了第一次南极点飞行，他们是沿着20年前大探险家阿蒙森所走的路线飞的。用现代人的眼光来看，这也许是件轻而易举的事，但是在当时却十分困难，第一是因为那时的飞机性能尚不完善；第二是因为飞行员缺乏极地飞行的经验，那里到处是银光一片，很容易把他们照得眼花缭乱。

伯德和两个同伴没用多久，就飞到了罗斯冰架和极地高原的分界线，只见前面高耸着几座大山，它们像长在云层里一样，高得吓人。由于伯德的飞机装满了行李和食品，想飞越过这么高的山根本不可能，没办法，他只好顺着极地高原的边缘飞，四下寻找低洼的山坳。

飞了一会儿，飞机的引擎发出了阵阵低鸣声，凭借经验，伯德知道飞机已经用尽了全力，再飞就超过了飞机所能承受的极限。怎么办呢？下方是陡峭怪异的冰川，旁边则是无法穿越的高山。就在这时，飞机的机身突然一震，接着便失去了平衡，开始从高空慢慢往下降。

坐在伯德身后的两个同伴顿时慌得手忙脚乱，伯德却面无惧色，他一边沉着地驾驶着飞机，一边命令道：“快，快把飞机上的食物扔下去。”

这番话，让两个同伴如梦初醒，急忙打开舱门，将60多公斤的食品抛掉。飞机的负重一减轻，立刻恢复了正常，重新跃上了高空，眨眼间就飞过了第一座高山。伯德和同伴还来不及欢呼，一座更高的山又挡住了他们的去路。

接着飞机引擎发出了可怕的轰鸣声，和刚才一样的情况又出现了，而此时伯德他们所面临的危险比刚才严峻得多，因为两座山相距非常近，飞机根本就没办法拐弯掉头，这就意味着伯德只有一个选择，就是继续冒险朝前飞。为了摆脱险情，伯德只好命令同伴再次把飞机上的食品全部抛弃。

两个同伴并没有马上执行命令，而是相互看了看。伯德见他们不动，急得大喊道："你们耳朵聋了吗？是不是没听见我说话，快把剩下的食物扔掉！"

一个同伴结结巴巴回答说："不行啊，要是把食物扔光了，我们全都可能饿死。你……你再想想，还有没有别的办法……"

话音没落，伯德吼了起来："要不扔，我们现在就全完蛋，你们是想饿死还是马上摔死。快扔！快扔！"

飞机上剩余的60多公斤食品统统抛光了，虽然飞机又一次渡过了危险，但新的危机转眼又来到了——后面的山更高。这下，伯德反倒哈哈大笑："看来上帝在和我们开玩笑，想考验考验我们啊。"飞机要想再飞过这座高山是不太可能了，不过幸运的是在这座高山的边缘有一块较为开阔的空间，那里足够飞机回旋转弯。

此时伯德有两种选择：一是打道回府，一是勇往直前。而他果断地选择了后者，虽然搞不好会落个机毁人亡，不过，他还是决定去搏一搏。随着飞机的攀升，伯德的手心里全是汗，他咬着牙猛地一拉操纵杆，只听飞机发出一阵咆哮，擦着山头飞了过去，他的两个同伴都紧张得闭上了眼睛。

成功了，两个同伴激动得欢呼起来，在他们的欢呼声中，飞机到达了南极点的上空。伯德在那里绕了两圈，然后从飞机上投下了绑有重物的美国国旗，只见它飞快地坠落，旗杆正好直端端插在雪地上。

当天晚上，伯德回到了基地，他这一天共飞行了2575公里。而这个行程当年阿蒙森足足走了3个多月。

·建立“中山”站·

中国探险家陈德鸿在1985年前后曾带领中国南极考察队远赴南极洲，建立了一个名为“长城”站的科学基地。可随着对南极探险次数的增加，“长城”站已无法满足需要了，陈德鸿便在1989年6月，又率队乘坐“极地”号运载船远征，打算在南极大陆建立第二个常年基地。

“极地”号从青岛起航，17天后，抵达了澳大利亚的霍巴特港，稍作停顿，便向南极的普里兹湾进发。谁知刚驶进西风带，就遇上了可怕的强气旋。虽然“极地”号在万吨以上，但仍然显得无能为力，一会儿被托上浪尖，一会儿又被推下谷底，陈德鸿和队员们整夜整夜都不敢合眼，一直在甲板上同恶劣的天气拼搏着，终于在4天之后，跨过了南纬60°，把西风带远远抛在了身后。

陈德鸿刚松了口气，忽然队员汇报，“极地”号驶入了浮冰区。他跑到瞭望台一看，果然，不远处银光闪烁，海面几乎都被浮冰所覆盖。硬闯肯定是过不去的，于是，陈德鸿命令船上的直升飞机到空中去寻找通道，为“极地”号导航。就这样，“极地”号根据直升飞机的指示缓慢行进，经过5天迂回曲折的航行，好不容易到达了普里兹港。

当探险队员们看见南极大陆裸露的崖岸和远处连绵起伏的丘陵地时，全都激动地欢呼起来，但是“极地”号却怎么也靠不上岸，因为一块8000米宽、2米厚的陆缘冰挡住了去路。陈德鸿考虑了片刻，决定将船再朝旁边驶一点，看看有没有可登陆的地方。“极地”号绕了一圈，他最终把登陆点定在离指定目的地400米的地方。

就在“极地”号准备用小艇卸运物资的时候，一场罕见的特大冰崩发生了，“极地”号又一次陷入了困境。第一次冰崩点距船仅有1000米，1个半小时后，在离船3000米的地方又发生了冰崩，接着第三次冰崩又在5000米的地方发生了。3次冰崩的断面总长度为3000多米，崩落的冰盖激起几十米高的巨浪，推动着冰山向“极地”号撞来，情况十分危急。

“极地”号连忙启锚，但还是躲闪不及，随着一声震耳欲聋的响声，船头被浮冰撞出了一个大洞，紧跟着，冰山和碎冰块如排山倒海般涌来，没多久，“极地”号的四周便被流冰封死了。陈德鸿来不及细想，立即命令直升飞机把队员们运到陆地上，同时决定，如果“极地”号被困死在冰海，全体队员就要做好在南极越冬的准备。

队员们来到陆地上，望着进退两难的“极地”号，心里焦急得要命。谁知几天后，情况发生了转机，在“极地”号的前方，出现了两座高大的冰山，随着它们的漂浮，中间的浮冰被挤出了一条豁口。陈德鸿当机立断，带着队员以最快的速度返回到“极地”号上，冲出豁口。他们终于转危为安了。

摆脱浮冰的包围，“极地”号很快便来到宽阔的水域，找到了一个新的登陆点。队员们在陈德鸿的带领下，不分昼夜地忙碌起来，经过一个多月的努力，一个面积为1654平方米的考察基地建成了，大家把它命名为“中山”站。

这时，陈德鸿的脸上露出了笑容，这是他从进入到南极以来第一次这么开心。他想：“如果今后再有机会，我还会再来这里，为祖国在南极多建几个考察基地。”

·发现中华矿·

金庆民是中国南极考察队的一名女队员，她在1988年曾和中美联合登山队去攀登南极的文森峰。虽然她最后并没登上顶峰，但由于她在文森峰的山坡上发现了铁矿，一时便成了全世界的新闻人物。

1988年11月27日，金庆民与登山队的其他队员一起乘飞机到达了文森峰下的基地，她是这个登山队的惟一女性，所以十分引人注目。

第二天上午，登山队员们开始朝文森峰的一号营地进发。这时天高云淡，是个少有的好天气，队员们精神抖擞，你追我赶，下午时分就来到了第一号营地。正当他们搭建帐篷的时候，天色突变，接着狂风卷起了漫天的飞雪，横扫滚扑而来。好在这场风暴时间不长，还没到午夜，它就平息了。

天一亮，登山队又开始朝第二号营地进军，但金庆民没走几步就力不从心了。她已经50多岁，体力早不似年轻的时候了，再加上头一天在行进途中，脚脖子又扭伤了，此时已又红又肿，轻轻迈一步都感到揪心的痛。

看着金庆民痛苦的表情，美国登山队员纷纷劝道，让她别再往上爬了，就地休息休息。金庆民说什么也不同意，她不愿在同伴们面前示弱，因为她知道，自己的身上担负着为民族强盛尽力的责任。

登山队里的中国队员非常明白金庆民的想法，他们也希望她能成功攀上文森峰顶，可从目前她的状况来看，已是不太可能了，于是便对她说："没关系，有我们呢！"听了这话，金庆民才含笑答应，回到了第一号营地。

当队友们的身影渐渐消失在远方时，金庆民心里突然有一种说不出的感觉，好像自己被整个世界遗弃了，望着周围荒凉的冰原，她毅然背上了地质包，走出帐篷去作野外考察，因为只有这样，她才能忘却这种令人窒息的孤寂。

金庆民来到一面冰坡前，上头是一道裸露的山脊，她往上爬了几次，可那足有40度的坡面简直像一面镜子，不但没爬上去，反而把她累得汗流浃背。没办法，她只得回到帐篷，再次去感受那孤寂的煎熬。

睡了一会儿，金庆民又走了出去，重新来到那面冰坡前。这次，她已下定了决心，不攀上山脊誓不罢休。此时的南极正是极昼期，到处阳光灿烂。她终于在当天的23点到达了山脊，喘了几口气，她便开始了工作。

金庆民一边在雪地里爬行，一边测量岩层，绘制着地质剖面。突然，她眼睛一亮，只见在山脊的一端有一层厚厚的红岩层。她爬过去一看，原来那是赤铁矿层。金庆民的手不禁有些颤抖，沿着裸露的铁矿层朝后追索起来。这铁矿层宛如一条长龙，她走了几十分钟竟没找到尽头，此时她已忘了脚上的疼痛，顺着铁矿层一直朝下走去，这一走，就是20公里。

一路上，金庆民每走几米，就掏出记录本把所见的情况详细写下来，并采集几块矿石做标本，当她走到铁矿层的尽头，记录本也用完了。最后，她从地质包里取出一面小小的五星红旗，端端正正插在矿层的露头处，然后拿出照相机，拍下了这珍贵的一幕。

回到帐篷，金庆民用了整整4天的时间，把她的发现整理了出来。忽然，透过呼啸的风声，她听到有人在呼喊，原来是登山队的几名中国队员回来了，他们不放心金庆民独自一人留在营地，所以一登上文森峰的峰顶，就马上先赶回来了。

第二天，美国登山队员也陆续回到了营地，金庆民拿出她发现的那些“宝贝”，自豪地说：“瞧，这是我找到的中华矿……”

·徒步越南极·

1989年7月，一场举世瞩目的南极探险活动开始了，这次探险队的6名成员来自6个不同的国家，其中一位就是中国的秦大河，他将和其他5名探险家徒步穿越南极。

7月28日，这支探险队驾着雪橇从南极半岛拉尔森冰架北端正式出发了。谁知一开始，他们就不顺利，速度非常缓慢，尤其是秦大河，别说滑雪，就是连滑雪板都没见过，他每天只好跟在雪橇后面小跑，再加上他又戴了一副近视眼镜，视力不太好，时常被冰裂绊倒。

就这样，秦大河跌跌撞撞跟着其他队员跑了6天，终于学会了滑雪，虽然不是很熟练，但毕竟能跟上队伍了，前进速度快了许多。

跨过了南极圈，环境更加险恶了。沿途都是难以预测的冰融洞，它们从表面上看，与冰原一模一样，其实仅是一层薄冰覆盖住了下面的空洞。探险队员个个都是经验十足，当然知道它的厉害，于是他们用绳子把人连在一起，万分小心地朝前行进着。

半个月后，探险队好不容易穿过了冰融洞区，向海拔5000米的梅依豪森冰川挺进，但这次却没那么幸运了。没走多少路，下起了大雾，能见度很差。不得已，他们只好一直躲在帐篷里，企盼着大雾的消散。

等了两天天才放晴，秦大河说："伙计们，我们赶快出发，抓紧时间能走多远就走多远，这里的天气可是变化无常啊！"

探险队只走了一天，大雾又笼罩在了冰原上，队员们向前摸索了一会儿，全都失去了联系。走在最前面的秦大河首先感到情况不妙，立即停住了脚步，大声叫道："大家站着别动，以免走散了。"浓雾中传来了同伴们答应的声音。秦大河掏出绳索，先绑在自己的腰间，另一头拴在一根冰柱上，然后一点一点往后摸去。

大半天工夫，秦大河把绳索拴在了同伴们的身上，他还有一点不放心，又喊了一阵子："大家腰上都绑绳子了吗？请报一下名字，看看少没少谁。"

等众人报了一遍名字，秦大河发现惟独少了俄罗斯探险家波亚尔。很显然，他一定在大雾里迷失方向了。为了找到他，秦大河解下拴在冰柱上的绳头，紧紧绑在自己腰上，以一个同伴为圆心，尽绳长所及，做环行圆周运动。连转了两三圈后，他终于在茫茫白雾中撞上了正束手无策的波亚尔。

12月12日凌晨3点，探险队到达了南极点，这是继大探险家阿蒙森后人类又一次以狗拉雪橇的方式来到这里。休息了3天，探险队又踏上了征途的第二阶段。

新的一年眨眼就到了，探险队离终点还有1300多公里，虽然队员们疲惫极了，但谁也没埋怨一句，大家还相互开着玩笑，相互鼓励着，荒凉的冰原因为他们而显得生机勃勃。

1990年3月1日，在距终点20公里的地方，这些南极勇士们发起了最后的冲刺，两天后的晚上8点，这世界上最难走的6300公里的路程结束了，6个人紧紧拥抱在一起，再也控制不住内心的激动，全都失声大哭。

事后，秦大河对人说，他在出发前，根本就没打算能活着回来，想不到自己不但活了下来，还成了第一个徒步登上南极点和横越南极大陆的中国人。

·美国雄鹰·

1927年，一个爆炸性的新闻在欧洲各国引起了轰动：一位名叫查理斯·林德贝尔格的美国青年，将驾驶一架单引擎飞机穿越大西洋，路线是从纽约到巴黎。要知道，曾有无数飞行员在这条线路中命丧大海。这是因为当时无论多先进的飞机，都无法飞行如此远的路程，更别说是单引擎飞机了。难道这个名不见经传的美国青年吃了熊心豹子胆不成？

其实，这一点林德贝尔格心里也非常清楚，不过他之所以选择单引擎飞机，是有他的道理的。因为他在做出决定之前，已做过一番调查，发现那些失事的飞机基本上都是双引擎以上，这些飞机发生故障的几率较大，而改用单引擎的飞机，说不定发生故障的可能性就会很小。

一切准备就绪，林德贝尔格把出发的日子定在5月21日，消息传开后，许多人开心得要死，认为这下有好戏看了，把林德贝尔格称为“空中蠢驴”。林德贝尔格气坏了，实在无法忍受这些无聊人的讽刺挖苦，决定提前起飞，用自己的行动堵住他们的嘴。

5月20日清晨，林德贝尔格钻进了他的那架功率为220马力的单引擎飞机。当飞机发动的时候，一家报社的记者大声嘲笑着说：“嘿，空中蠢驴！你能活着到巴黎吗？”林德贝尔格气得浑身发抖，但他很快稳定下来，知道在马上的飞行中自己必须保持冷静，不然就无法开好飞机。他干脆不去理这家伙。

飞机渐渐消失在纽约的上空。起先还比较顺利，可在大西洋海面上飞行一天后，林德贝尔格有些吃不消了。为了赶走睡意，他打开窗封舱上的窗户，让刺骨的寒风激醒他晕乎乎的头脑，可寒风吹了半天，不见多大效果，于是，他干脆不停地用手向上拉眼皮，努力睁大两眼，去注视海天一色的前方。

疲劳使林德贝尔格的精神几乎崩溃，他实在受不了了，就把飞机的高度降低，因为这样可以看到海面上的轮船和从北方漂过来的冰山。这个方法果然很有效，林德贝尔格感到精神好了许多，可就在这时，新的麻烦又找上门来。原来，大西洋高空的严寒使飞机披上了厚厚的冰壳。没办法，他只好把飞机的高度再往下降，这一来，险情不断，好几次都是贴着浪尖而过。

经过长时间的飞行，路程已飞了一半，这时，林德贝尔格精神大振，不禁引吭高歌起来。忽然，他清楚地看见前方的海面上出现了一支小舰队，每艘舰的尾部都挂着“米”字图形的英国旗，甲板上还有几个人在向飞机指指点点。林德贝尔格激动极了，因为他飞行了这么久，第一次看见人的身影。他打开窗，大声地喊道：“伙计们，爱尔兰是不是在前面？”风大浪大，舰艇上的人怎么能听见他的声音呢？喊完之后，林德贝尔格立刻想到这点，不由自主地为自己的冒失大笑起来。

就在黄昏来临的时候，林德贝尔格的眼前忽然出现一片地平线，那正是爱尔兰！他加大油门，急速向前飞去，眨眼就来到灯光闪烁的法国海岸。

巴黎时间22点22分，林德贝尔格的单引擎飞机平稳着陆了，成千上万的法国人发疯似的冲向机场，想一睹这个从大西洋彼岸飞来的英雄，从那以后，这个曾被称为“空中蠢驴”的年轻人，又被改称为“翱翔在蓝天的美国雄鹰”。

·征服太空·

1961年4月12日，苏联宇航员尤里·加加林要进行一次历史性的飞行，他将乘坐宇宙飞船围绕地球完成一次完整的轨道飞行，开创载人航天史上的新纪元。

这天一早，加加林即进入准备状态。吃过早餐后，医生对他的身体进行了全面检查。接着，他在人们的帮助下，先穿上一件温暖柔软的天蓝色工作服，然后套上橘红色的宇宙航行防护服，接着把一个白色带耳机的飞行帽套在头上，最后戴上了密封头盔。

准备工作就绪后，一辆大轿车便载着加加林向飞船发射场地驶去。加加林按捺着无比激动的心情，透过车窗，只见远处的银色火箭壳体在朝阳的光辉下，正闪着耀眼的光芒。

轿车在火箭发射塔前停下了，加加林走出车厢，来到早已等候多时的上司面前，大声地说道："报告，飞行员加加林乘'东方'号飞船做第一次宇宙航行准备完毕！"说完，他踏进了发射塔的升降平台。两分钟后，加加林进入飞船的座舱里。

莫斯科时间9点7分，只听一声"发射"，巨大的火箭载着"东方"号飞船和加加林，在火光和烟雾中腾空而起。

随着越来越强的轰鸣，加加林感觉到整个船体都抖动起来，接着超重开始增强，好像一种不可抗拒的力量把他死死压在座椅上，让他手脚动一下都非常困难。加加林紧紧地闭着双眼，但他心里并不慌张。他知道，这种状态是正常的，是飞船在进入轨道前不断加速造成的，这些在平时训练时早就习惯了。

过了一段时间，飞船进入正常轨道了，加加林的感觉也渐渐正常起来，他向飞船外望去，地球的形状一览无余，看得他兴奋地大叫，忙向地面汇报说：“妙极了！妙极了！我看到了大地、森林、河流和白云……”

“东方”号飞船按预定时间和高度进入卫星轨道，这时，加加林又处在了一个奇妙的失重状态。他从座椅上慢慢飘了起来，悬在地板和天花板之间的半空中。他感到整个躯体变得好像不再是自己的了，接着，舱里所有没固定的物件都跟着飘起来，它们也在半空中自由地移动着。

虽然这种失重状态在今天人们不会觉得有多稀奇，但在当时，加加林毕竟是第一个经受这种考验的人。他在飞船里表现得轻松自如、从容不迫，努力适应着失重状态的反应，并在笔记本上做着航行记录，还不时向地面报告飞船的情况。

莫斯科时间10点15分，当“东方”号宇宙飞船环绕地球一周，飞近非洲大陆上空时，人类历史上第一次载人航天飞行就要结束了。加加林知道，返回地面的阶段，将比进入轨道和在轨道上飞行还重要。于是，他开始认真做各种准备工作。

10分钟后，飞船自动开始减速，离开了卫星轨道。在进入稠密的大气层时，飞船的外壳突然变得炽热无比，加加林看见整个飞船包围在熊熊大火和紫红色的反光中。

失重消失了，越来越厉害的超重再次向加加林袭来，他又一次被死死压在座椅上。飞行高度不断地下降着，从10000米眨眼到了8000米，下面的伏尔加河已清晰可见，它就像一条白练，发着闪闪的银光。加加林不慌不忙，立即启动了制动装置，飞船下降速度立刻恢复正常。

在飞船下降到7000米的时候，加加林决定开始着陆。他采取的是跳伞着陆法，用手按动按钮，他便从飞船里弹射出来，很快，他就同座椅分离开，背后的降落伞也随即张开，向地面飘去。

10点55分，加加林和“东方”号飞船在环绕地球一圈后，顺利降落在预定地区，这位“天外来客”从此便成了新闻人物，成为世界上第一个征服太空的英雄，全世界的人们都为他欢欣鼓舞。

他，也成了世界上真正的太空探险家。

·飞越死亡·

1962年年初，美国宣布将进行第一次载人轨道飞行。37岁的海军战斗机试飞员约翰·格伦被选为这次探险行动的勇士，他将肩负美国人民的重托和希望，去畅游太空。

2月20日凌晨，一辆黑色的运输车载着格伦，来到卡纳维拉尔角航天中心。在那里，一艘名为“水星-大力神”的火箭正在静候着他的到来。

走下运输车，身着航空服的格伦信步来到火箭的升降台旁，与站在那里的同事们一一握手。最后，他在“一路顺风”的祝福声中跨进位于火箭顶部的“友谊-7”号飞船的密封座舱。

格伦知道，此时他的一举一动正被全世界人关注着，所以一定要控制好自己的情绪。他平静地向指挥台报告说：“‘友谊-7’号准备完毕！”话音刚落，指挥台倒数计时便开始了。

当倒计数最后一声响起时，格伦清晰地听见火箭发动后加大冲力时的狂吼，整个火箭都随之震动起来。紧接着，火箭以雷霆万钧的力量，脱离发射台直冲蓝天。

进入预定轨道后，飞船与火箭脱离开，开始自行沿轨道飞行。此时，格伦已处在失重状态，让他感到一种前所未有的全新体验。适应一会儿，他开始从窗口向地球眺望，去欣赏人类难以享受到的美景。他的眼前一会儿呈现出金色沙漠，一会儿是蓝色海洋，地球看上去非常美丽。这一切，就同放电影一样，让格伦在不知不觉中结束了环绕地球第一圈的旅行。

第二圈又开始了。正当格伦在太空中做着各种试验和观测的时候，“水星计划”控制中心的测航仪器突然发出了警报：飞船头部的隔热层壳体松脱，变成半开状态。这个消息不禁让格伦暗暗叫苦，要知道，如果这个隔热层壳体在飞船进入大气层时全部脱落，那格伦就会葬身于飞船与大气层摩擦发出的烈焰之中。

过了一阵，格伦慢慢冷静了下来。他非常清楚，在这个生死攸关的时刻，自己千万不能惊慌失措。他首先同指挥台取得联系，把自己的处境告诉了人们，希望地面的专家能为自己尽快想出解决办法。

经过一番紧张研究，专家们一致决定，当飞船头部的反射火箭射出之后，保留位于头部中心的箭座。因为箭座是由3条箍子箍在飞船的头部，也许只有这个力量才能箍住隔热层壳体。

于是，格伦开始集中精力做返航飞行，他感到飞船的震动在不停地增加，没多久就看见那3个箭座箍中的一个脱落，从飞船的窗口一掠而过，紧跟着便撞到了飞船上。虽然格伦一直在咬紧牙关等待死亡的到来，但他并不恐惧，因为他知道，如果预料中的事真的要发生，他也无能为力。

就在格伦双手紧握着轮舵的时候，他与地面的联系突然中断了，耳边除了飞船巨大的轰鸣声，所有声音都消失了。这一来，格伦感到前所未有的绝望。

谁知在这一刹那，奇迹出现了，格伦用难以形容的速度，驾着飞船冲进了大气层。看着仪器盘上的热度指针逐渐下降，他不由自主地吐出一句话：“好家伙，真是一个大火球！”

这时，飞船上的仪器已恢复正常，格伦的这一句话传到了地面，所有人都为之欢呼起来。格伦冷静地排除了险情，环绕地球3周后，平安返回，受到纽约市民的夹道欢迎。人们为拥有格伦这样的英雄而骄傲，更为他征服太空的勇气和胆略而自豪。

36年后的1998年10月，格伦以77岁高龄重返太空，乘航天飞机上天并成功返回地球，成为迄今为止人类历史上年龄最大的太空探险家。

·月球探险·

1969年7月16日，对人类来说是一个永远值得纪念的日子。这一天，肩负着载人登月重任的“阿波罗-11”号飞船即将踏上光荣的征途，登月探险的勇士由美国的阿姆斯特朗和他的两位同事组成。

当地时间9时32分，巨大的火箭腾空而起，“阿波罗-11”号载着阿姆斯特朗3人向月球进发了。一切都像想象中一般顺利，飞船在太空中飞行了4天4夜，终于在7月20日，接近了月球。

这天早上9点22分，身为指令长的阿姆斯特朗带着一名同事进入了登月舱。20分钟后，登月舱和母舰分离了。它们保持着一种编队飞行的状态，然后逐渐向月面下降。过了一会儿，母舰停在绕月轨道上，静待登月舱从月面探险归来后的再次会合。

月球越来越近，阿姆斯特朗透过观察窗向下望去，月球上的坑穴、小山、裂缝都一清二楚呈现在眼前，于是，他按捺着无比激动的心情，开始慢慢着陆。

眼看再有85秒钟就要着地了，阿姆斯特朗突然发现自动驾驶仪正不偏不倚地把登月舱送往一个大火山口里，这不禁使他惊出了一身冷汗，他赶紧手握人工操纵杆，给登月舱加足马力，这才一下子越过巨大的火山口，避免了一场惨祸。

越过火山口后，阿姆斯特朗把登陆地点选在赤道面向地球的“静海”上。又经过令人胆战心惊的几秒钟，登月舱摇晃了一下，4只长长的支脚终于稳稳扎在月球的地面上。登月成功了！

接下来，阿姆斯特朗和同事开始了月面探险的准备工作。经过两个小时的紧张准备，登月舱的舱门终于打开了，阿姆斯特朗在同事的帮助下，倒着钻出舱门。

此刻，地球上的亿万人都将目光紧紧盯着电视屏幕，只见身着白色登月服的阿姆斯特朗正向舷梯迈出第一步，然后又是第二步、第三步……由舱口到月面的舷梯总共只有9级，而他却整整用了3分钟才走完，似乎每下一层都要稍休息一会儿。就在这时，画面中传来了阿姆斯特朗的声音："现在，我站在舷梯的最下端，登月舱着陆支脚的底盘已陷进3～4厘米。月面就像由细小的沙粒组成，景色太美了！"

说完这一席话，阿姆斯特朗谨慎地向月面迈出了左脚，用穿着登月靴的脚轻轻地蹭了蹭地面，接着使劲踩一下，既不滑又不陷。于是，他这才把右脚跟着踏上月面，松开了紧握舷梯的双手。

美国东部时间1969年7月20日22点56分20秒，月面上第一次留下人类的足迹。全世界的人当然不会放过这个历史性的镜头，他们目不转睛，不放过阿姆斯特朗的一举一动。就听他站在月球上，庄严地宣布："对于一个人来说，这不过是小小的一步。可是对于全人类来说，这却是一个巨大的飞跃！"

几分钟后，阿姆斯特朗便迈开双脚，小心翼翼地前进起来，试图去探索这荒凉和死寂的世界。走了一会儿，他渐渐适应了在月面上的行走，这才环顾起四周，只见四周一片寂静，没有空气，没有生命，只有火山、坑穴和岩块，在他的身后，还有一串他留下的脚印。

预定的2小时40分钟的月面探险时间眨眼就过去了，阿姆斯特朗依依不舍地回到了登月舱，和同事站在舷梯最上端的小平台上，轻声地向月球告别："再见了，月球！"

1969年7月28日，阿姆斯特朗一行3人经过195个小时的飞行，平安地返回到地球。他们代表人类的第一次月球探险，永远载入史册。

·着陆“风暴海”·

1969年11月14日的这一天，对美国宇航员康拉德来说，是生命里最重要的一天，因为政府任命他为探月火箭“阿波罗-12”号的指令长，前往月球东南面的“风暴海”进行月面探险。

但是，天公不作美，在离发射时间不到12小时的时候，天空突然乌云翻滚，接着又下起了瓢泼大雨。虽然“阿波罗-12”号在设计上允许在雨中发射，但是也怕遭到雷击，一旦被击中，就有可能导致电器短路，引起失控或者爆炸。而康拉德对外面的情况毫不知情，他早已和两名同伴坐在飞船里做好了准备，正焦急地等待着发射的指令。

此刻，外面发射台下的工作人员正忙得焦头烂额，一面做着发射的准备，一面急切地等着气象部门的最新报告。终于，雨渐渐小了，从气象部门传来了好消息：雷雨区开始向东移去，在发射场32公里的范围内不会有闪电区。

众人松了一口气，计划又开始照常进行。中午11点20分，控制台向飞船里的康拉德下达了发射的命令，只听一声巨响，“阿波罗-12”号在纷纷小雨中冲上了天空。

两分钟后，康拉德平静地对地面汇报道：“自我感觉良好，一切都很正常。”就在他说完没多久，突然，一道耀眼的电光闪过，随即指令舱的红色指示灯全亮了。报警铃声不停地鸣响起来，康拉德和同伴对这突如其来的意外情况感到有点儿惊慌，但他们很快就反应过来，火箭遭到了雷击。

与此同时，地面观看发射实况的人们，在火箭冲过云层的一瞬间，看到一道蓝色的闪光划过长空，所有人全吓得目瞪口呆。控制台里的工作人员马上对“阿波罗–12”号发出了紧急呼叫：“‘阿波罗’，发生了什么情况？请速回答！请速回答！”

康拉德通过无线电通讯系统回答：“燃烧电瓶已失灵，平稳台也失灵了！”刚说完，控制台传来了指令，让他立即启动备用电源。康拉德和同伴马上开始进行应急处理，经过一分多钟的紧张工作，终于排除了电源及其他故障，暂时可以正常飞行了。

在飞行了11分钟后，“阿波罗–12”号进入围绕地球的轨道飞行。由于平稳台刚才失灵过，所以必须在轨道上进行校准。当火箭飞经非洲上空时，康拉德在太空中借助于星体的方位校准了平稳台。就这样，“阿波罗–12”号在经历过这场重大考验后，全部恢复了正常，正式踏上了奔月的旅程。

“阿波罗–12”号在太空里整整飞行了3天，进入了月球的引力范围。在那里，康拉德又一次远眺地球，只见地球就像一颗耀眼的宝石，蔚蓝的海洋、雪白的山峰、棕色的大地……全都尽收在他眼底。

又过了一天，“阿波罗–12”号进入了环月轨道，康拉德命令同伴开始做登陆准备。一切就绪后，他们一起钻进了登月舱“勇猛”号，然后按动按钮，脱离了指令舱，向月面缓缓落下。

康拉德眼看着月面离自己越来越近，心里不禁莫名紧张起来。登月舱经过20分钟的下降，稳稳着陆在“风暴海”。康拉德再也忍不住了，一把抓过无线电对讲机，声音都变了调：“这里是‘风暴海’，‘勇猛’号已经着陆了！”

登陆后，康拉德和同伴经过了几个小时的休整，先后两次登上了月面，在“风暴海”上进行了长达31个小时的月面探险和考察，采集了几十公斤的月面标本，并拍摄了大量照片。

月面探险最终结束了，康拉德和同伴顺利地回到了地球。在后来的日子，每到夜晚，康拉德总是呆呆望着月球出神，真不敢相信上面有自己留下的足迹。

·遨游太空·

1981年4月12日清晨，在美国肯尼迪航天港，竖立着即将起飞的“哥伦比亚”号航天飞机，里面两个宇航员正在仔细地检查仪表，他们就是机长约翰·扬和他的同伴罗伯特·克里平。还有十几分钟，他们就要前去遨游太空了。

预定起飞的时间到了，麦克风里传来响亮的倒数计时声，只见“哥伦比亚”号的尾部猛地冒出一团烟云，接着一声巨响，飞机腾空而起，直冲蓝天。此时，约翰紧紧地闭着眼睛，心里无比的激动，因为“哥伦比亚”号是美国第一架航天飞机，它承载着全美国人民的期望。如果成功，将由此翻开人类在航天史上崭新的一页，而这就要靠他去完成。

进入绕地球轨道后，约翰开始全面检查航天飞机的各个系统。他首先打开电视摄像机，走进货舱控制台，轻轻按了一个按钮，货舱门便立刻缓缓打开。他在里面巡视了一圈，向地面控制中心报告道：“货舱已检查，看来情况良好。”

控制中心在收到报告后，忽然发出了呼叫：“约翰，我们从电视上看，发动机罩上的防热瓦似乎出现了异常，请你尽快查看！”

约翰急忙走上前，头一低，不由惊叫起来：“哎呀，是有好几处的防热瓦脱落了！”约翰的话音刚传回地面，控制中心的几十名工程师和有关人员立刻召开了紧急会议，研究如何解决这个突然出现的意外情况。

经过半个小时的紧张讨论，控制中心给了约翰一个放心的答复：“约翰，我们研究过了，目前的情况并不影响航天飞机的返航，请你放下心，好好工作吧！”

太空里的时间过得真快，两个宇航员才刚刚适应，返航的时间眼看就要到了，他们又检查起飞机的自动控制系统，最后开始了关闭货舱门的工作，约翰知道，如果货舱门关不严，自己就别想活着回到地球。

货舱门关紧后，约翰和克里平才长长松了口气，从现在起，这次的首航任务就基本结束了。但两人的心情却更加紧张起来，因为对“哥伦比亚”号来说，发射进入轨道容易，而安全返回更难，以往的航天飞机在穿过大气层后会直落大海，然后靠雷达跟踪和快艇救援。而“哥伦比亚”号则不同，它的设计就像大型滑翔机，必须安全滑翔着陆在指定机场的跑道上。这一点，迄今为止还没有人尝试过，所以能否降落成功，安全程度有多大，谁都心中没数。

“哥伦比亚”号围着地球绕完第36圈，在控制中心的指示下，约翰按动了机尾和机首的发动机点火按钮，飞机立即一个大旋转，向大气层冲去。就在这一刹那，机身同大气发生了剧烈的摩擦，产生的超高温把飞机烧得发红，通讯整整中断了15分钟。

当航天飞机下降到离地面50公里的高空时，时速降到了7680公里，这时，地面的控制中心发出了提示：“‘哥伦比亚’号，你已通过了海岸线，正朝加利福尼亚方向飞行。”

约翰一边关注着飞机上的仪表，一边兴致勃勃地说：“乘航天飞机前往加利福尼亚，我还真是第一次。”说话间，飞机下降到离地面仅34公里处，他开始改用手动操纵，并做倾斜飞行，很快就越过了海岸和山岭，接着又来到莫哈维沙漠的上空。

此时，美国爱德华空军基地上，有20多万人都在翘首企盼着“哥伦比亚”号的出现。忽然，高空中传来两声巨响，那是飞机跨音速的一种特有的现象，紧接着，一个雪白的亮点出现在蓝天中，并且越来越大。

离着陆还有35秒，约翰猛力把机首向上提高，然后沉着地放下起落架，几秒钟后，起落架的3个轮子在硬沙地上扬起了漫天尘土，好半天，才慢慢地停下来。早已准备在一旁的地面人员急忙冲到航天飞机前，采取了一系列的保护措施，清除了飞机周围的有毒气体。

等地面人员忙完，飞机的舱盖打开了，太空英雄约翰和同伴克里平微笑着走了出来。两人这次航天探险的成功，标志着人类真正进入宇宙空间的开始，这为今后带来了不可估量的影响。